英語指導技術ガイドQ&A
授業の悩みにこたえる26のレシピ

英語指導技術ガイドQ&A

授業の悩みにこたえる
26のレシピ

一般財団法人
語学教育研究所

開拓社

は　し　が　き

　本書は日々の英語の授業で迷ったり，悩んだりした時に手にとっていただき，参考にしていただくための本です。「最近音読がうまくいかない」「新教材の導入で生徒がのってこない」「生徒の発音を鍛える効果的な方法はないか」等々，授業での悩みは尽きないものです。そんな時にこの本のページをめくり，何かしらのヒントを得ていただけたら幸いです。

　さて，一般財団法人語学教育研究所は毎月「語研だより」を会員の皆様に届けております。その紙面に 2008 年 8 月から『指導技術 Q&A』というコーナーを設けました。以来 5 年間にわたり隔月で，この『指導技術 Q&A』を連載してきました。個々の質問に対して最もふさわしい回答者を選び，筆をふるっていただきました。「語研だより」では紙面に限りがあり，コンパクトな表現になっておりましたが，このたびの単行本化にあたり，大幅に加筆していただき，読者の方にもいっそう満足していただける内容になったと自負しております。本書には 26 の質問があり，26 のレシピが用意されています。

　本書は 4 部構成になっております。第 I 部〜第 III 部は主に中高の授業を対象とし，第 IV 部は小学校の授業を対象としました。しかしながら，どの指導技術もすべての授業（小中高大）に生か

せる内容であることは申し上げるまでもありません。

　第I部は「授業の柱となる活動」です。ここでは日々の授業の中核となる新教材の導入，Story Retelling，音読指導，語彙指導，等のQ&Aが掲載されています。

　第II部は「指導上の工夫」です。ここでは発音指導，暗唱指導，ライティング指導，テスティング，文字指導，多読指導，ティーム・ティーチングの効果的な進め方，等のQ&Aが掲載されています。さらに，「英語の授業は英語で」とは授業は全部英語でやらなければいけないのかというトピックに対する答えも用意されています。

　第III部は「授業運営上の工夫」です。グループ・ワークの導入の仕方，コミュニケーション・ゲームをする際の注意，近年厚くなった教科書の扱い，授業改善への手立て，等が掲載されています。

　第IV部は「小学校英語の活動」です。小学生への英語の聞かせ方，ゲームの扱い，授業の組み立て方，視聴覚教材の活用，等が述べられています。

　日々の授業の中で活かせる内容が詰まった本です。ぜひ，お手元に置いていただき，毎日の授業で活用していただきたいと思います。

　語学教育研究所は1923（大正12）年，Harold E. Palmerを初代所長に生まれた組織です。今年度，創立90周年を迎えました。氏は日本語・日本人をよく理解し，現場教師の立場に立って根気

強く日本の英語教育改善に尽力した人です。創立 90 周年を記念して本書を発刊できますことを，この上ない喜びと感じております。

　最後に本書の刊行にあたり，開拓社の川田賢編集長には企画の段階から発刊に至るまで大変お世話になりました。執筆者が多く，とりまとめも大変であったと思われますが，最後まで丁寧に誠実にお仕事を進めてくださいました。ここに改めて感謝の言葉を申し上げます。

　2014 年 3 月

　　　　　　　　　　　一般財団法人　語学教育研究所
　　　　　　　　　　　　『英語指導技術ガイド Q&A』編集代表

　　　　　　　　　　　　　　　　　　　　藤井　昌子

目　次

はしがき　v

第Ⅰ部　授業の柱となる活動

1. オーラル・イントロダクションは，そもそも何のために やるのでしょうか。
…………………………………………………小菅和也　2

2. オーラル・イントロダクションのスクリプトと視覚資料 の準備ができた後に何かやっておくことがありますか。
…………………………………………………江原一浩　8

3. Classroom Interaction と英問英答はどう違うのです か。自然で活発なやりとりにするにはどうしたらよいで すか。
…………………………………………………小泉　仁　14

4. 読解の前にオーラル・イントロダクションを聞いて内容 を理解する授業で，自力で文章を読む力はつくのでしょ うか。
…………………………………………………久保野りえ　20

5 Story Retelling を始めたいのですが，どのように進めたらよいでしょうか。
.... 山本良一　24

6 音読の声が出ません。声を大きくさせるコツはないでしょうか。
.... 久保野雅史　34

7 中学1年生に基礎語彙を教えるにはどうしたらいいですか。
.... 八宮孝夫　40

8 日本語訳を使わないで英単語の意味を教えるにはどうすればよいですか。
.... 砂谷恒夫　44

第 II 部　指導上の工夫

9 気をつけて指導しているつもりなのですが，生徒の発音がどうもうまくなりません。どうしたらよいでしょうか。
.... 靜　哲人　56

10 暗唱で英語の力はつくのでしょうか。
.... 小菅敦子　64

11 単なる和文英訳ではない，自由度のある英作文問題を定期試験に取り入れたいのですが，なかなか決心がつきません。どうしたらいいでしょうか。
　　　　……………………………………………………… 淡路佳昌　70

12 私は帰国子女で「英語の授業は英語で」に苦はありません。でも，生徒は私の英語がよく理解できないらしく，半分が授業開始10分ほどで寝てしまいます。どうしたらいいでしょうか。
　　　　……………………………………………………… 四方雅之　76

13 教科書の英文を定期試験の読みの問題に出しているのですが，生徒も内容が分かっているので，これでは内容理解のテストにならないように思えます。どうしたらいいのでしょうか。
　　　　……………………………………………………… 根岸雅史　82

14 手書き文字──生徒にはどんな文字（書体）を教えればいいでしょうか。
　　　　……………………………………………………… 手島　良　86

15 生徒に多読をさせたいのですが，どうすれば効果的に実施できますか。
　　　　……………………………………………………… 藤井昌子　92

16 外国人教師との Team Teaching の効果的な指導法はありますか。
　　　　……………………………………………………… 櫻井　譲　100

17 高校での指導は原則英語で行うということは，日本語は
禁止ですか。
　　　………………………………………………… 蒔田　守　106

第 III 部　授業運営上の工夫

18 グループ・ワークを導入したいと考えているのですが，
どのような点に注意する必要があるでしょうか。
　　　………………………………………………… 向後秀明　112

19 授業にコミュニケーションゲームを取り入れており，生
徒が教室内を楽しく歩き回って会話をしていますが，
ゲームでの勝ちを意識するあまり，ターゲットの表現を
避ける生徒が1割くらい存在します。どうしたらよいで
しょうか。
　　　………………………………………………… 及川　賢　120

20 中学校の教科書が厚くなったのですが，最後まで教え切
ることができるのでしょうか。
　　　………………………………………………… 田島久士　126

21 授業改善に取り組もうと思っていますが，なかなか踏ん
切りがつきません。どうしたらよいでしょうか。
　　　………………………………………………… 松本剛明　130

第 IV 部　小学校英語の活動

22　授業の中で，どのような点に注意して英語を聞かせていったらよいでしょうか。
　　　………………………………………… 海崎百合子　136

23　外国語活動ではゲームをしなければならないのでしょうか。
　　　………………………………………… 粕 谷 恭 子　142

24　子どもが英語を使いたくなるようにするためには，どんな点に気をつけて指導するといいでしょうか。
　　　………………………………………… 久 埜 百 合　148

25　小学校英語活動では，45 分の授業をどのように始めたらいいでしょうか。
　　　………………………………………… 久 埜 百 合　156

26　小学校英語活動の授業で視聴覚教材を活用したいと思いますが，どのような観点で選べばいいでしょうか。
　　　………………………………………… 久 埜 百 合　160

参考文献 ……………………………………………………… 165

執筆者一覧 …………………………………………………… 168

第Ⅰ部

授業の柱となる活動

1

Q オーラル・イントロダクションは、そもそも何のためにやるのでしょうか。

A まず前置きから述べたいと思います。英語の授業ではさまざまな活動が行われます。熱心な先生ほど、研修会や講習会などを通じて、新しいアイディアを手に入れ、多彩な活動を授業に取り入れています。でもちょっと待ってください。見た目の新しさや面白さにとらわれて、その活動を何のために行うのか、という一番肝心なことを忘れていませんか。単に、楽しいから、教室が盛り上がるから、というのでは困ります。英語の授業ですから、ある活動を通して、生徒にどのような英語の力をつけさせようとしているのか、どのような効果が期待できるのか、ということをしっかり考えておく必要があります。私はこれを「各活動の意義付け」と呼んでいます。

そして、1時間の授業の中ではさまざまな活動が行われます。それぞれの活動の意義づけに基づいて、それらを効果的に組み立てる必要があります。私はこれを「手順の整理」と呼んでいます。

では、いよいよオーラル・イントロダクションの話です。まず、オーラル・イントロダクションは、「イントロダクション」という名が示すように、新教材の導入段階で用いる手法です。では何のためにやるのでしょうか。やはり、まず前提からお話しします。

言葉の本質は音声です。文字は二次的なものです。と言っても，音声が文字よりも重要であると，単純なランク付けしているわけではありません。文字言語を扱う，つまり「読む」「書く」の活動の際にも，必ず音が頭に浮かんでくるのです。パーマー (Harold E. Palmer) はこれを acoustic image と呼んでいます。これがないと，「読む」「書く」もスムーズに行われません。というわけで，英語の授業もまず音声（speech）から入る，つまり，教師が生徒に英語で語りかけることが第一段階になります。

　また，教室は，教師と生徒が生身で向かい合う貴重な機会です。教師が一方的な講義や解説をしても，生徒に言葉の運用力は身につきません。教師が流暢な英語でまくし立てても，それは自己満足に過ぎません。教室での face to face の状況を生かし，生徒と活発なやりとり（interaction）を行い，生徒の理解を確認しながら進めていくのが効果的です。

　以上の2点を満たす「解」がオーラル・イントロダクションです。オーラル・イントロダクションとは，「教師が，英語を用いて生徒とやりとりをすることによって，口頭で新教材の内容を生徒に理解させる活動」と定義することができます。中学・高校では，検定教科書という文字教材を使用することが前提です。そこで，教科書に示されている言語材料や題材内容を，教科書は開かずに，教師が，生徒にとって理解しやすい教師自身の英語を用いて，音声で生徒に提示するのです。しかも，教師がひとり芝居のように一方的に語るのではなく，英語で生徒とやりとりをしなが

ら進めていくのが望ましい姿です。それは，体育の授業では体育をやる，音楽の授業では音楽をやる，というのと同様です。英語の授業では，教師も生徒も英語を使う，ということです。では，日本語を使わずに，どうやって英語を理解させるのかということになります。これにはいくつもの方法があります。別項（第Ⅰ部[8]）を参照してください。もちろん「日本語絶対禁止」ではありません。必要に応じて，教師がちらっと日本語を挟むのは，生徒の理解を促進するうえで効率的な場合もあります。ただ，あくまでも「ちらっと」です。いずれにせよ，教師は，日ごろから英語運用力については研鑽を積まなければなりません。教師自身，英語評論家や英語解説者ではなく，英語のプレーヤーでなければならないのです。そうでなければ，プレーヤーを育てることは難しいと思います。オーラル・イントロダクションは，教師も生徒も英語を「使う」場なのです。（オーラル・イントロダクションを積み重ねることによって，教師自身も英語運用力が鍛えられます。もちろんこれは副次的効果ですが。）

　次に，オーラル・イントロダクションを行う際の基本について，2点お話しします。

(1)　視覚補助の活用：　新教材導入のすべてを，音声のみで処理することには無理があります。生徒の理解を促進するため，教師は，音声だけでなく，視覚的補助を適宜活用します。それが，絵や写真だったり，キーワードの板書だったりするわけです。そして，オーラル・イントロダクションを通して完成した板書は，

授業の後の場面で,生徒の発表活動のキューとして生かせる,というプラス・アルファがあります。今後,電子黒板などの機器がさらに発達・普及すると,その機能をオーラル・イントロダクションに活用することも可能になるでしょう。

(2) 生徒とのやりとり: オーラル・イントロダクションは,新教材の導入というその活動の性質上,教師主導型になります。最近は「生徒中心」ということが重視され,ペアワークやグループワークを盛んに取り入れるようになっています。ともすれば,教師中心の展開はそれだけで悪のようにみなされることさえありますが,そんなことはありません。ペアワークやグループワークなどの,生徒同士の活動が有効に機能するためには,その前段階で,教師による十分なインプットが必要です。もちろん,教師からの一方通行では生徒はついてきません。生徒を活動に巻き込むことが大事です。

オーラル・イントロダクションにおける「生徒とのやりとり」の基本は二つあります。一つは,生徒にできるだけ質問を投げかけることです。質問にも2種類あり,生徒の既有の知識や考えを問う質問と,教師が提示した内容の理解をチェックするための質問です。前者のタイプは,教室での活動を自然なコミュニケーションにより近いものとするためにも,有効な発問となります。例を一つ挙げます。

【例】(有名なプロ野球選手の写真を黒板に貼って)

T: Who is this man?
S: He is Ichiro.

このようなやりとりを行うことによって，生徒の興味を喚起し，その知識や意見を活用し，理解を確認しながら導入を進めていくことができます。

「生徒とのやりとり」の基本の二つ目は，クラス全体を巻き込んでの発音練習です。オーラル・イントロダクションでは，新出語やターゲット・センテンスを導入します。理解のみにとどめず，発音練習まで取り込みます。十分理解した語句や文（この「十分理解した」というところが非常に大事です）を，クラス全体で練習するのです。次の3段階で行うのが基本です。

① 教師がモデルを示し，クラス全体がコーラスでリピートする。
② クラス全体で大体正しく発音できるようになったら，個人指名をして数人に発音させる。
③ 締めくくりとして，もう一度クラス全体で発音する。

このようなクラス全体のアウトプット活動は，理解の強化にもつながります。同時に，授業の発展として行う，生徒による発表活動の布石ともなります。ただし，1点気を付けてください。生徒に発音させているときに，教師は生徒の発音にしっかり耳を傾けましょう。このような練習の際に，生徒と一緒に発音している先生をよく見かけます。これでは，生徒の発音を聞き分け，きちん

とできているかどうかを評価することができません。

　さらに、オーラル・イントロダクションを行う際の留意点についても、2点述べておきたいと思います。

(3)　音声から文字へ：　すでに述べたように、音声中心に進めるのがオーラル・イントロダクションの要です。語句を板書したり単語カードを示したりするのは、あくまでその補助です。無意識のうちについつい文字中心の発想に陥り、オーラル・イントロダクションの中で、先生が黙ったまま、いきなり新出語を板書するような場面をよく目にします。これはダメです。あくまで音声が先、文字が後、です。つまり、まず音声で提示して、必要であれば板書で文字を示す、この順を決して崩さないでください。

(4)　理解から発表へ：　新出語を板書やカードで提示し、いきなり発音練習してから、おもむろにその語の意味を説明する。これもありがちなパターンですが、これでは手順が逆です。私たちが言葉を話すときには、自分が何を言っているのかわかって話しています。当然のことですね。英語の単語一つの導入でも同じです。意味がわかって初めて、自ら発音する準備が整ったことになります。意味もわからないまま発音させるのは、生徒をオウムに仕立てるようなものです。

　オーラル・イントロダクションは、それ自体が「聞く」「話す」活動であり、同時に新教材（言語材料や題材）の導入であり、授業の核として、それ以降の発展的な活動（発表活動）の布石になる、大変有用な手法です。　　　　　　　　　　　　　　（小菅和也）

2

Q オーラル・イントロダクションのスクリプトと視覚資料の準備ができた後に何かやっておくことはありますか。

A シャドーティーチングを実施してはどうでしょう。授業で新教材導入する際に行う予行演習をシャドーボクシングに因んでこう呼んでいます。シャドーボクシングは,主にボクシングの練習方法の一つで,仮想の敵を想定し,敵からの攻撃を避けるために体を動かしたり,敵へのパンチを繰り出したりします。シャドーティーチングでは,誰もいない教室の教壇に立ち,架空の生徒を見立て,実際に視覚資料を提示しながら,予想されるインターアクションを取りつつ,オーラル・イントロダクションの稽古を行います。

シャドーティーチングには次にあげる三つの段階があります。第一段階で七つ道具を準備し,第二段階で板書計画の再生を行い,最終段階で模擬オーラル・イントロダクションを実施します。

準備する七つ道具とは,ストップウォッチ,板書計画,視覚資料とワードカード,小さく切断したマグネットシート,両面テープ,マジック,そして予備のワードカード用紙を指します。これを揃えて教室へ向かうのです。ストップウォッチでオーラル・イントロダクションの長さを計時します。生徒の集中力を考え,

15分以内で終了することを目指します。オーラル・イントロダクションの成否を左右する板書の設計図である板書計画とその構成要素である絵・写真・地図・グラフ等と文字情報カードは必須アイテムです。構成要素を補修・補強したりする際に使用する文房具も準備します。このようにして，まずオーラル・イントロダクションを支える屋台骨を整えます。下は板書計画例です。

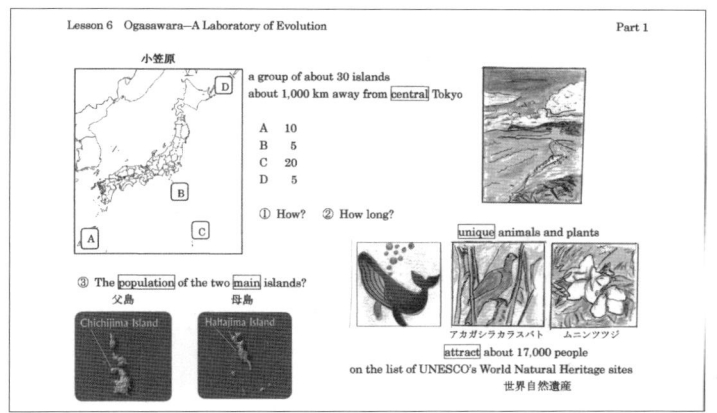

(*Power On Communication English I*, 東京書籍)

板書計画の再生では，すべての視覚資料とワードカードを黒板に貼りつけ，板書の完成版を確認します。この作業には三つの確認事項があります。まず，視覚資料とワードカードを実際に一つ一つ黒板に貼りながら裏に貼られたマグネットの強度を確認します。絵や写真が窓から入ってくる風に飛ばされたり，紙の重みでずり落ちたりして，オーラル・イントロダクションの流れが断た

れることを予防します。次に，再生が完了した後，教室の一番後ろに立ち，板書全体を眺めます。視覚資料のサイズと配置，ワードカードの文字の大きさや読みやすさ，視覚資料とワードカードの関連性の明示具合を入念にチェックします。

　特に，視覚資料の配置に十分配慮してください。オーラル・イントロダクションによる話の展開が一見して理解できるように並べます。この配置による論理展開の透明性が生徒の内容理解に大きく影響を及ぼします。たとえば，時系列に沿った展開なら，黒板上部に直線を引き，黒板の左から右へ，年代順に並べます。その際，直線上に年代を，その下に関連する視覚資料やワードカードを置きます。板書が完成すると，話の流れがはっきり浮かび上がります。空間的展開なら，地理的情報を利用して，上下左右をうまく使います。たとえば，北極に生息するシロクマとドイツのベルリン動物園で飼育されている子グマの比較・対比が話題であれば，黒板の左側に野生のシロクマとその生息地域を中心とした資料を置き，右側にクヌートと名付けられた子グマと動物園に関する地理情報を置いて，二つの地域の比較・対比を明示します。このように，文字情報を立体的に提示するのです。以下は，時系列と空間的展開の板書計画例です。

第Ⅰ部　授業の柱となる活動　　11

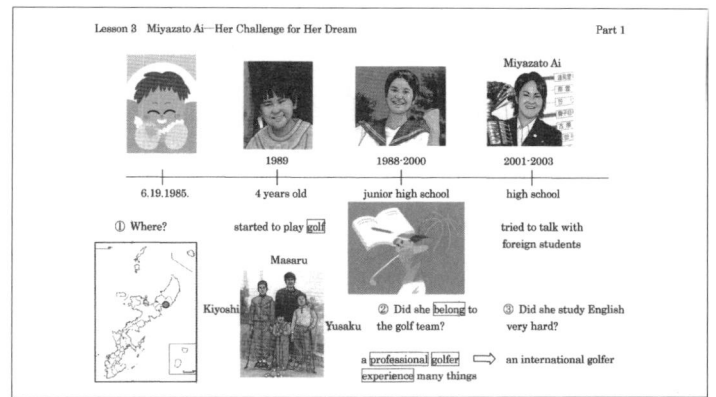

(*Power On Communication English I*, 東京書籍)

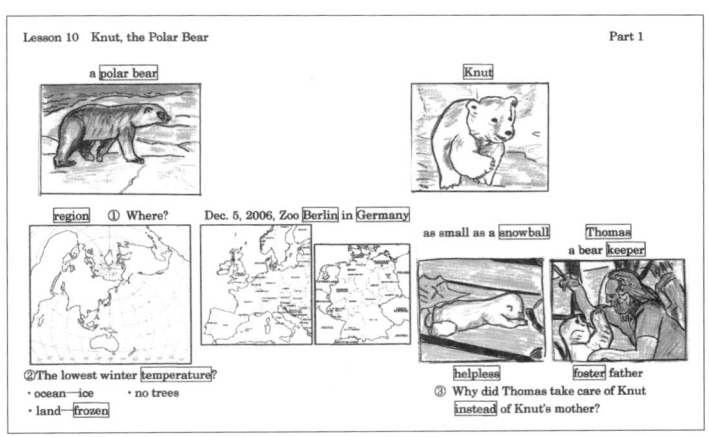

(*Power On Communication English I*, 東京書籍)

　視覚資料のサイズと配置に関しては，黒板の縦の幅に注意します。その幅は意外に狭く，A3版でプリントアウトした視覚資料

は，縦に三つしか並べられません。その結果，視覚資料に関連するワードカードを上下に貼るスペースが十分取れないのです。視覚資料の左右に置くか，もしくは，多少資料に重ねて貼ることになります。ワードカードの貼る位置も工夫をしましょう。人物や場所の名前のワードカードは，関連する視覚資料の上に，また，その他の情報カードは下に置くようにすると全体の統一感が出て，より分かりやすくなります。また，ワードカードの文字をマジックの色で情報の分類をしてもいいでしょう。たとえば，数字は赤マジック，固有名詞は青マジック，それ以外は黒マジックを使うのです。生徒の情報整理に役立つでしょう。

　最後に，オーラル・イントロダクションの通し稽古です。ストップウォッチのスタートボタンを押して，仮想の生徒たちに向かって笑顔で第一声を発します。Hello, everyone! *Hello, teacher!*（斜字体は架空の生徒の声）第一声を大切にしてください。英語の環境・雰囲気が第一声で創造されます。Everyone, close your textbook or keep your textbook closed. 教室全体を見渡し，教科書が閉じられていることを確認します。生徒に教科書の文字情報を追わせず，先生の話に集中させるのです。次に，本時の学習内容のテーマを紹介します。In today's lesson, we're going to learn about certain islands.（小笠原の板書計画を参照）Have you ever heard of Ogasawara? If you have, raise your hand. ［数名の生徒が手を挙げる］I see. Some of you have heard of it. Ogasawara is a group of about 30 islands. (a group of about 30 islands と板書) Those islands are about 1,000 kilometers away from central Tokyo, 東京都心 or 東京の中心. (about 1,000 km away from central Tokyo と板書) Class, repeat after me, central Tokyo. *Central Tokyo.* Once again, central Tokyo. *Central Tokyo.* [窓側の列を指して] This line, please. (列先頭の生徒の声) *Central Tokyo.* Great! … (列最後尾の生徒の声) *Central Tokyo.* Well-done! Class. (架空のクラス全体の声) *Central Tokyo.* (中略) Now, you are going to learn more about the Ogasawara Islands in the textbook. 最後のセリフを言い終えてストップボタンを押します。15分以上なら，情報量の再調整をします。シャドーティーチングを繰り返して目標の時間内に収まったら舞台稽古が終了となります。忘れてはならないのは，実際に授業を行う際に取り出しやすいように，視覚資料とワードカードを使用順に並べ直しておくことです。

　これで物理的，心理的授業準備完了となります。後は，生徒が積極的に学習し，言語活動をしている姿をイメージしながら教室へと向かいます。

（江原一浩）

3

Q Classroom Interaction と英問英答はどう違うのですか。自然で活発なやりとりにするにはどうしたらよいですか。

A 授業内でのインタラクションは，あらゆる教科のあらゆる場面にあることです。たとえば国語の授業で敬語について学習する場面を想像してください。まず教師が「敬語で困ったことはありますか」と尋ね，生徒の自由な発言を引き出しながら，具体的な日常場面での敬語のさまざまな使い分けに気づかせるような，そんな授業場面での対話もインタラクションです。生徒が発言しやすい環境を作り，生徒の敬語についての体験を聞きながら，教師は生徒たちの敬語に対するスキーマを確認します。それがその日の授業の目的である「敬語」を理解・活用させるための導入となります。

このようなプロセスでは，生徒が教師の質問に答えてどのようなことを話すのか予測がつきにくいのですが，生徒に対話に参加させつつも授業の流れを整え，予定した学習を成功させるよう誘導して授業を進めていきます。

英語の授業でも，教師と生徒のやりとりの中で学習内容を確認しながら進めるという点は他の教科と同様です。ただし英語で授業を進める場合の classroom interaction では，生徒から英語の発話を引き出すために，英語科特有の工夫が必要になります。

まず，比較のために，インタラクションと，いわゆる「英問英答」との違いを考えてみましょう。「英問英答」では，教師が質問する側，生徒が答える側と決まっていました。教師は質問の答えを知っていて，生徒は，教師の持つ正答と自分の答が合致するように答えることを求められました。たとえば，

> Teacher: How many people had crossed the Pacific Ocean in a yacht before Mr. Horie?
> Student 1: No one had.
> Teacher: That's right. Very good. Next. How did he feel when he was in the Passific Ocean?
> Student 2: Lonely.
> Teacher: Say it in a full sentence.
> Student 2: He was lonely.
> Teacher: Right.

教師と生徒の関心ごとは，答えが合っているかどうかです。生徒の解答が先生のイメージしたものから大きく外れることは期待されません。従来の典型的な英問英答はこのようなものです。

それに対して，interaction の場面では，相互の（inter-）作用（action）という言葉のとおり，教師と生徒が互いに相手の言うことに反応して発話することが重要です。教師の発話が生徒へのinput となり，生徒の中で intake され，そして発話 output が促されます。教師にとっても生徒の発話は input であり，それを受

け止めて適切な output を行うことが要求されます。Long (1983) によれば，このプロセスが繰り返される中，生徒が手探りで理解に達したときこそ効果的な言語習得が起きることになります。

　では，インタラクションの例を挙げましょう。1962年に小型ヨットで太平洋を単独横断した堀江謙一氏についてのテキストを用いたレッスンを想定したものです。

T:　I wanted a yacht when I was a university student.（テキストと関連した身近な話題でウォームアップ）

S1:　Which university?（生徒の脱線）

T:　Oh, I went to Tokyo Kinsei University.

S2:　えー，担任の川田先生と同じ！（生徒の脱線2）

T:　Really? Is he my senpai?（脱線に反応）Oh, that's great. OK.（話題を戻す）I wanted to learn how to operate a yacht. But I gave it up. Do you know why?

S3:　You can't swim.（想定外の答え）

T:　I can swim!（内容に反応）

S4:　You had no money.

T:　Right. I didn't have much money, so I gave it up. Yachts are very expensive.（本題へ入る）Now, class, what do you think was the greatest trouble Mr. Horie had before he started?

S3:　He can't swim!

T: I don't think so.
S5: He didn't have much money.
T: OK. So what did he have to do?
S6: Find a sponsor.
T: Yes. He had to find sponsors.（完全でない発言も認める）Repeat, class: "He had to find sponsors." Then, what trouble did he have *in the sea*?
S6: No food?
T: Food was OK. Of course he didn't have too much. Mr. Horie was in the center of the Pacific. Do you think he could talk with other people?（ヒントを与える）
Ss: No.
S7: He was alone.（生徒が探り当てた答え）
T: That's right! He was alone. His greatest trouble was loneliness. OK, class, repeat: "Mr. Horie was very *lonely* in the sea." How about you? Have you ever been lonely? When you are lonely, how can you overcome it? You need …?（発話を促すヒント）
S8: I need music.
S9: I need my family.
T: Yes. You want to be with your family.
S10: I email friends.
T: Yes, you email your friends. OK, very good. Now,

    class, Tell your classmates: "When I am lonely …"
Ss: When I am lonely, I need music (etc.).
T: Remember that Mr. Horie had no CD and no cell phone. They were invented in 1980s or later.

　英問英答とちがうのは，単なる答え合わせを目的としているものではないということです。ここでは，教師と生徒が英語で対話を楽しみながら新出語や本文の内容を確認して行きます。生徒は教師の英語を聞き，理解し，反応する体験を通してテキストの理解を深めていきます。

　生徒の英語運用力は十分ではないので，生徒の言いたい気持ちが高まっても，英語として容易に発話できないときがあります。そのようなとき，教師は，生徒の発話を促すために，上の例の"You need ..."のように，ちょっと手がかりになる言葉を足すこと (scaffolding) が必要になります。

　また，実感を伴ったテキストの理解ができるよう，テキストの内容と生徒自身の気持ちを関係づけることも効果的です。上の例の How about you? という質問は，生徒の発話を促す上で効果的なだけでなく，本文の内容を自分に置き換えて理解させるために便利な質問です。ここでのやりとりは，lonely, loneliness という新出語を，生徒が実感を持って理解するように工夫されています。

　また特定の文法事項を意図的に多く用いるようにすれば，いわ

ゆる，意味のあるドリル（meaningful drills）につなげることができます。

最後に，インタラクションのポイントをまとめてみましょう。

1. 質問の答えが必ずしも一つでなくてよい
2. 生徒の理解度に応じた英文を用いる
3. 教師と生徒が英語で反応しあうことを楽しむ
4. 普段から生徒が自由に口を挟める雰囲気を作っておく
5. 生徒の母語の発言も拾い上げる
6. 生徒の反応に注意し，機会を逃さずにそれに反応する
7. 新出語を含む文や内容理解上重要な文はリピートさせる
8. 生徒の発話を促すための援助（scaffolding）を随時行う

このような授業に生徒を慣らすためには，自由に発言できる雰囲気作りが欠かせませんので，前出の例の生徒 S3 のような，ウケを狙った発言を許容することにも大切な意味があります。

生徒がインタラクションに慣れれば，和訳を減らしながら内容理解を深めるような授業もしやすくなり，また，「要約を書く」「要約を発表する」など，他のコミュニケーション技能と統合させた活動へと発展させていくこともさらにやりやすくなるでしょう。

（小泉　仁）

4

Q 読解の前にオーラル・イントロダクションを聞いて内容を理解する授業で，自力で文章を読む力はつくのでしょうか。

A はい。オーラルイントロダクションは，生徒が自力で読解できる力をつけるためにこそ行うものです。「英語が読める」とは英文を見た時，語順どおりに文章を追っていって意味がとれるということであり，それはすなわち，「目を通じて見たものから頭の中に acoustic image（聴覚像，音声）が湧き，それが意味を成す」という回路ができているということです。この回路はどうやって形成するか。それが，テキストの文章を生徒に分かる形で音声で聞かせるオーラル・イントロダクションです。中学はもちろん，高校になっても，一見難しそうな文章を自然なものと感じさせる，教師のリードを授業で充分に経験することで，自分で読める文章のレベルも上がっていきます。もちろん，どこまで読めるようになったかの力試しとして，投げ込み教材を用いて初見の文章を読ませてみることも必要です。しかし，それは直読直解の回路が生徒の頭に形成されてから行うべきことです。そうでないと，初見の文を読む時に結局訳読で意味をとることになってしまいます。

さて，直読直解の回路を作るオーラルイントロダクションですが，重要になるのが，どのように行えばよいのか，という指導技

術です。実習生の授業などでは,「これではオーラル・イントロダクションをしていても読む力はつかないな」と感じることがあります。どのようなものでしょうか。

オーラルイントロダクションをしても力のつかない例
    例1)   題材に関連したスモールトークを,導入・イントロとして英語で話すだけで,本文内容自体を英語で伝えることをしない。
    例2)   絵や易しい言い換えで内容を伝えただけで,学ぶべき表現に触れさせていない。
    例3)   イントロダクションの直後に音読に入ってしまう。
    例4)   音読の時に,生徒が頭の中で意味をとっていない。

例1)は,初見の文章を読ませる目的の授業なら,このようにさわりを語るだけでかまいません。しかし,もし教材が,初見でさっと読めるほど易しくない場合は,結局教科書を開けてから逐一解説する授業になってしまい,直読直解の力はつきません。

例2)はオーラルイントロダクションの目的を,文章の内容(のみ)を伝えることだと誤解しています。絵や易しい言い換えで内容は分かっても,もとの文章を読めるようになってはいません。生徒に分かる英語で言った後に,それを教科書の表現でも聞かせることが大切です。オーラル・イントロダクションの最後には,本文をほぼそのまま語って,生徒が意味をとって聞くことができているか見る,というステップをぜひ入れましょう。ここで

意味をとって聞ければ，語順通り読めるようになっています。

　例3）ですが，イントロダクションを聞いただけでは，自分で文字を読んでいません。イントロダクションによって，意味を伴った新表現の acoustic image ができたら，今度はそれが自分の目でできるか，黙読で意味をとってみることが必要です。ここで生徒は，意味と英語表現をあらためてしっかりと結びつけます。また教師は，この段階で，オーラルでは理解させきれなかった部分の補足をすることができます。

　例4）の「生徒が意味をとりながら音読すること」は，読む力，話す力をつける授業になるための重要なポイントです。中学1年など初学者であれば，はじめの音読では文字の音声化に精一杯で，意味を同時に考えるのは負担が大きいかもしれません。しかし，文字の音声化をひとたびクリアした後の音読は，必ず意味を考えながら行うようにさせなければなりません。といっても生徒の頭の中です。どうすれば意味をとりながら読むことに導けるでしょうか。

音読でしっかり意味を考えさせるために

　たとえば，教師が内容を引き出すような Questions を出し，それの答えの英文をつなげるとほぼ本文になる，という活動を行うのはどうでしょう。その QA 活動を行いながら，生徒は意味を考えています。その後の音読ならば，イントロダクションを聞くだけよりもさらに，意味は頭に残りやすいでしょう。

音読の際に内容にふさわしい表情，抑揚，区切りをつけさせることも大切です。だからといって，演技過剰になる必要はありません。意味が伝わるように読んでいれば，自然につくであろう表情，抑揚，区切りであればよいのです。そして，聞き手の教師や他の生徒は文字を見ずにその音読を聞くようにしてみましょう。意味がわかるような音読への意識が高まります。

　また，Read & Look up はぜひ行わせたい音読の形です。顔を上げる，ということは，文字をただ見て音声化することから離れるからです。そして丸暗記の負担なく，顔を上げる練習になるのが，Read & Look up です。1文黙読させる際に，黙読しながら文自体というよりも**意味**を頭に入れるように指導しましょう。

　オーラルイントロダクションを用いた授業はいつまで行えばよいでしょうか。もし全員の生徒がその教材を難なく読めるのであれば，かみ砕いたオーラルイントロダクションは必要ありません。その代わり，かみ砕いた表現に変えず本文どおりを一度教師の肉声で聞かせてみてはどうでしょう。これも acoustic image から意味をとる訓練と言えます。

　目の前の生徒に合わせて配慮されたオーラル・イントロダクションは，あらゆる段階で大いに活用できる技術です。

（久保野りえ）

5

Q Story Retelling を始めたいのですが，どのように進めたらよいでしょうか。

A Story Retelling は授業で学んだことを発表する活動で，題材内容・表現・語句の内在化を促し，生徒の学習意欲を高めます。特に復習に適しています。現在，多くの授業で活用されていて，呼び方もさまざまですが，やっていることは似ているようです。ぜひ取り入れてください。

1. Story Retelling に向けての指導内容・指導手順

大きな流れは，①授業での学び→②家での学習→③次時のStory Retelling です。Story Retelling を成功させるには，①の授業と②の家庭学習に工夫が必要です。

(1) 授業をコミュニカティブに！

生徒に英語で発表させるなら，授業は従前の「文法訳読式」ではなくコミュニケーション重視のものにしましょう。Story Retelling が授業改善のきっかけになります。

(2) Oral Introduction と Story Retelling

まず，新しい教材は Oral Introduction（第Ⅰ部［1］参照）から始めます。Oral Introduction は「音声」で「概要」を「インプット」する活動です。ことばの学習における三原則は「音声→文字」

「概要→詳細」「インプット→アウトプット」ですから，Oral Introduction はその三原則の最初の要素をすべて兼ね備えた大変すぐれた活動です。Oral Introduction は，生徒とのインタラクションを多く取り入れ，「生徒と一緒に授業を作る」ことを最初から大事にしましょう。

　Oral Introduction で使用する板書（絵・写真やキーワードなど）はそのまま Retelling で使うと授業に一貫性が生まれますから，そこまで考えて板書を計画しましょう。「最初に教師が行う Oral Introduction」と「最後に生徒が行う Story Retelling」が密接に関連し，その間の活動が繋がっているという見事な構図なのです。

　さらに言えば，生徒は Oral Introduction が Story Retelling のモデルでもあると気づき，Oral Introduction をよく聞き，しっかりと声を出し，積極的に参加するようになります。

(3)　Oral Introduction に続いて何をするか？

　「音声」で「概要」を「インプット」したあとは，理解を確実にし，生徒自らが「使う」段階に入ります。つまり，先ほど述べたことばの学習における三原則の後半の活動（「文字」「詳細」「アウトプット」の活動）をします。

　まずは，テキストを開いて，教師の Model Reading，テキスト内容の精読（質問を投げかけながら生徒に精読させましょう），音読と進めます。音読は文字をインプットしながら音声をアウトプットする活動で，インプットとアウトプットをつなぐ重要な活動で

す。次時に音声で発表させるので，自信を持って発表できるようにきちんと行います。

　書く活動としては，Summary Writing をお勧めします。教師が要約文を書いて空所を作り，生徒に埋めさせます。私は，生徒の状況に合わせて，語→句・節→文と空所を多くしていき，2年後にはすべて生徒の力で要約させます。

(4)　家庭学習

　学習内容の復習に加えて，音読，リピーティング，シャドウイング，Read & Look-up など，声に出す活動も重要です。何を何回練習するのか，きちんと指示をしておきましょう。

　さらに，私は板書事項（絵・写真・キーワードなど）を印刷したプリント（picture sheet）を生徒に配布し，これを見ながら学習した内容を話す練習をさせます。

　こうして，生徒は家庭学習を経て，次時の Story Retelling に臨むことになります。

2.　Story Retelling の進め方

　次時の授業でいよいよ Story Retelling を行います。

　まず音読やシャドウイングなど音声による復習を行い，声を出しやすくしてから Story Retelling に入ります。次の3段階で進めるとスムーズに行うことができます。

　1.　Preparation

2. Practice
3. Presentation

(1) **Preparation**

　第1段階では，前時の板書事項を再現します。ただカードを貼るのではなく，教師から質問を投げかけて生徒に答えさせながら再現するのが望ましい方法です。たとえば，

T: Last time we looked at a painting. Tell me about the painting, S1.
S1: It was "The Last Supper." It was painted by Leonardo da Vinci in 1492.

という具合です。教師があまり情報を与えずに，ざっくりとした質問をし，生徒に多く言わせるようにします。

　この活動をスムーズに進めるために，予めしておくべきことがあります。それは，板書事項をすべてカードなどに書いたり，描いたりしておくことです。原則的に Oral Introduction で完成させたのと同じ板書を示すのですが，この Preparation の際には，生徒の発言に合わせてすばやく提示すべきです。先ほどの例では，生徒が発言した順に，タイトル→作者→年号と提示しましたが，もし生徒が It was painted in 1492 by Leonardo da Vinci. Its title is "The Last Supper." と言ったなら，年号→作者→タイトルの順で同じ板書を再現できるのです。

黙ってカードを貼ったり，授業前や別の活動の合間に再現してすると，全員で確認する機会を逸してしまいます。授業中に行いましょう。板書がでたら，次の段階に入ります。

(2) **Practice**

ペアで発表練習を行います。一方が話し手，もう一方は聞き手です。全員立たせて，相手のほうを向き，picture sheet を持って，絵やキーワードを指しながら練習させます。授業中に全員が Story Retelling を練習するのはこの時だけですから，この活動は欠かせません。

(3) **Presentation**

いよいよ発表です。生徒を指名してみんなの前で発表させます。私の場合，ビデオに撮ります。撮った映像は後で有効利用もできますが，何よりも「撮られる」ことで，緊張感を持って行えるからです。

1人が発表したら，その都度，教師から簡単なコメントをします。たとえば，「内容も表現もよく頭に入っていましたが，発言に合わせて絵やキーワードを指すとなおいいですね。」などと，よいことと改善できることを織り交ぜながら行うと効果的です。

私の場合，初めは教師だけがコメントしますが，そのうち生徒にも言わせます。すると生徒は，より注意深く他人の発表に耳を傾けるようになります。また，最初は日本語でコメントしますが，生徒が慣れてきたら英語で行っています。

また，指名された生徒数名が発表したあと，ボランティアを

募ってもいいでしょう。

3. Story Retelling の発展

　Story Retelling は単発の活動ではなく，継続指導することで生徒のさまざまな力を伸ばすことができます。

(1) 1人で発表させる段階

　基礎基本は「1人できちんと発表できる」ことです。この基礎段階をさらにいくつかの段階に分けて指導します。

(a) 聴衆に向かって話す：　Story Retelling で最も大切なことは「聴衆に向かって話す」ことです。原稿を見ることは許してはいけません。たとえ指名された生徒が覚えていなくてみんなの前で黙って前で立っていても，何も見せてはいけません。聴衆に向かって話すことはこの活動の一番の根幹です。これを崩すくらいなら，最初からやらないほうがましです。

　「聴衆に向かって話す」ためには，言うべき内容・表現を「覚えてくる」必要があります。最初のうちは，丸暗記でも聴衆のほうを向いて話していればよしとしましょう。

(b) 立ち位置や指し方に注意をする：　生徒が聴衆に向かって話しやすくするためにも，立ち位置と板書事項の指し方の指導も重要です。

　聴衆から見て，黒板（白板）の中央より左側の内容は，左手で指すと聴衆に向かって話しやすく，右側の内容は右手で指すと聴衆に向きやすいのです。上の (a) を指導しながら，早めに教え

たい技術です。

(c) **口と手を合わせる**：　黒板（白板）に提示してあるビジュアルやキーワードを指すタイミングも重要です。うまくできない場合，発表後のコメントで指摘して，注意を払うように指導します。

(d) **コメントを言わせる**：　ここまでの基礎技術が定着してきたら，テキスト内容に加えて，自分のコメント（経験，意見，感想など）を加えさせます。コメントはどこで言ってもよいと思います。最初は I think da Vinci is great. くらいでもよいでしょうが，「理由を述べる」ことなど，きちんとしたコメントになるように指導していきます。生徒がよいコメントをしたら，ほめましょう。ほめることは最良の指導方法です。

(e) **自問自答の質問を入れる**：　慣れてきたら，少しずつ聴衆とのやりとりを増やしていくように仕向けます。その第一歩が「自問自答の質問」です。

　絵を指して This is Leonardo da Vinci. と言うのではなく，Who is this man? とか Do you know this man? といった質問をしてから He is Leonardo da Vinci. と言わせるのです。こうすることで，聴衆の注意を引くことを学ばせます。

　自問自答の質問は，どこで言ってもかまいません。ただし，効果的に（たとえば，次の場面に移行する際などに）用いられていたら，必ずあとでほめましょう。

　自問自答の質問は，最初は一つにしておき，生徒が慣れてきたら数を増やしていきます。

(**f**) **実際に質問する**： 「自問自答の質問のうちの一つを，本当にクラスのだれかに聞き，その答えを引き取って話を進める」これが次の段階です。たとえば，"Do you know this man, ○○-kun?" "Yes. He is Leonardo da Vinci." "Right. As ○○-kun said, Leonardo da Vinci is a well-known painter." という具合です。最初は「答えをうまく引き取る」のは難しいかもしれませんが，次第に慣れてきます。うまくできたら，ほめることをお忘れなく。

そして，次第に質問を増やしていって最終的には3〜5個くらいまで質問することもできます。

ここで，何かお気づきになりますか？ この段階まで生徒ができたら，この Story Retelling は Oral Introduction と酷似していませんか？ 生徒も次第にそのことに気づき，Oral Introduction に注意を払うようになります。その変化も教師としての楽しみの一つだと言えます。

(**2**) **2人で行う Story Retelling**

私の場合，上の (1) の段階を1年間かけて行います。その後，次の段階（「2人で行う Story Retelling」）に入ります。

一番やりやすいのはインタビュー形式です。2人のうちの一方がインタビューする側 (interviewer)，もう1人がインタビューを受ける側 (interviewee) です。前時の最後に2人で役割だけ決めておき，家で別々に準備してきて，次時の Practice の段階で初めて合わせます。当然，相手の出方によって2人とも準備し

てきたことを軌道修正する必要があります。prepared でありながら impromptu な活動になるのです。もちろん，本文で三人称になっているところも，自分たちが当事者になることで一人称・二人称で話します。興味深い活動になるはずです。以下，指導すべき内容です。

(a) **立つ位置**：　板書は左から右に進むことが多いでしょうから，interviewer が聴衆から向かって左側，interviewee が右側にいると自然でしょう。また2人は1メートル程度離れ，ハの字の角度で聴衆に向くと話しやすいでしょう。

(b) **役割の工夫**：　テキストでは，According to Dr. ○○, ... のように情報源を提示してあることがよくありますね。その場合，教師が「今回の interviewee は Dr. ○○」と決めるのです。それだけで盛り上がります。また，生徒が interviewer をテレビのレポーターとか，その分野を勉強している学生とか，本文に登場する別の人物とか，工夫をするようになります。このようなクリエイティブな工夫は大歓迎です。

(c) **ディベート的に展開する**：　テキストが「われわれは○○すべきである」というような内容の場合，ディベート風に支持／不支持に役割分担し，議論を戦わせるようなことも可能です。

(d) **2人で行う利点**：　席替えのたびにペアが変わり，異なる力を持った友達と協力しながら発表活動をすることは，よい経験になります。

　また，一度に2人指名できますので，1人で行うときよりも多

くの生徒を前に出すことができるのも利点です。

4. 結語

　これまで見たように，Oral Introduction から始まる一連の授業展開の最後に Story Retelling を位置づけることはとても有意義です。とかく，「正解」だけが重視されがちな英語の授業の中で，一応の正解はありながらもバラエティーや工夫が楽しめる活動なのです。同じ発表はふたつとありません。

　また，教師から生徒へという一方通行になりがちな授業が，楽しんでできる参加型の授業になります。

　もちろん，すべてのことがスムーズに進行するとは限りません。継続指導がしんどいこともあるでしょう。でも，クラスメートの拍手やコメント，教師からの叱咤激励などに支えられて，生徒は必ず一定のレベル以上に成長します。

　さらに，Story Retelling は，英語の力だけでなく，プレゼンなど発表する力も培ってくれます。大学へ進学してから，ひいては社会に出てから役立つことが多々あります。長い目で見ても生徒のためになる活動なのです。

　さあ，希望と覚悟と勇気を持って，Story Retelling を取り入れてみましょう。　　　　　　　　　　　　　　　　（山本良一）

　[なお，次の DVD に実演した映像が収録されており，参考になります：The Making of English Lessons 第 2 巻「Story Retelling の指導〈高等学校〉」（ジャパンライム）]

6

Q 音読の声が出ません。声を大きくさせるコツはないでしょうか。

A ご質問の「音読」は，おそらく，教師の範読に続けて行われる一斉音読のことを指しているのでしょう。声を出させるための特効薬には思い当たりませんが，試行錯誤から得た経験ならご紹介できます。

生徒たちが大きな声を出している授業からは，確かに活気が感じられます。しかし，大きな声で音読することはそれほど大切なことなのでしょうか。また，大きな声が出ていれば授業は成功していると考えて良いのでしょうか？

生徒たちが元気に大声を出していてはいる，しかし，口に出している語句や文の意味が実はあまり分かっていない。このような経験を，中学校低学年を担当した際にした方は少なくないはずです。あれこれ考えずに頭を空っぽにして無心で声を出したほうが，声が大きく出ることが実はあるのです。ですから，元気に大声が出ているからといって「授業がうまくいっている」と安心するのは早計です。授業で目指すべきなのは，集団で一斉に音読する声が大きくなることではありません。音量の大きさは，あくまでも生徒一人ひとりが自信を持って英語を口に出せるようになった結果に過ぎません。肝心なのは，個人個人が，文の構造と意味

をしっかりと理解し，その上で，意味を相手に伝えようとして音声化しているのか，ということです。

　幼児に絵本を読み聞かせる場面を想像してみてください。読み手である大人は，話しの内容を音声で聞き手に伝えるために，区切るべきところは明確に区切り，抑揚も少し極端なくらいに付けて表情豊かに音読します。これと，英語の授業での音読を比較してみましょう。指名された生徒が音読するとします。このときの聞き手は誰になるでしょうか。もちろん，ほかの生徒たち全員と教員です。生徒たちは仲間の音読に耳を傾けているでしょうか。そうではありません。実際は，多くの生徒が，自分が次に音読させられそうな箇所を推定し，教科書の数行先に目を走らせているのです。ほかの生徒たちはほとんど聞いていないのです。生徒の音読を真剣に聞いているのは，教員だけなのかも知れません。

　聞き手の存在しない音読活動。改善すべきポイントはここです。周りの生徒たちが，音読に真剣に耳を傾ける必然性を作り出すことが重要なのです。先ず手始めに，音読は教科書を閉じて聞く，ということを徹底してはどうでしょうか。音読している生徒に身体を向け，仲間の音読する声だけに集中させるのです。教科書を開いて文字を目で追えば，音読を聞かなくとも意味が分かってしまいます。そのような相手に対して，音声で内容を伝える必要性はありません。「相手に意味が伝わるように音読しなさい」と指導するならば，「聞かなければ意味がつかめない」という状況を作り出さなければいけないのです。「意味を音声で伝える」

という明確な意志を持って，英語を口にするように指導すること。これを徹底することが，何よりも大切なことなのです。

　さて，音読重視の風潮の中で，音読の回数や，音読の速度を競わせたりする指導も見受けられます。しかし，このような指導は下手をすると，音声と意味との結びつきに対する意識を低下させてしまう恐れがあります。「意味を音声に乗せて相手に伝えることができた」という実感や「仲間の発した音声を意味のある『ことば』として受け止めることができた」という実感を積み重ねていくことによって，伝達の喜びや上達の実感を感じることができるようになり，生徒たちは進んで音読に取り組むことになるのです。強豪運動部の生徒たちは，強制しなくても自主的に走り込みをしたりしますね。これと音読は似ているかも知れません。

　また，音読練習の結果としてどのような力が身につくのか，これが実感できないことも，音読が形骸化する理由の一つだと考えられます。「音読は大切」と誰もが言います。しかし，音読を繰り返していればいつか効果は出る，というのは楽天的過ぎる考え方でしょう。音読は万能薬でも何でもありません。明確な目的を持って指導過程に位置づけ，適切に活用しなければ，音読練習を続けても，努力に見合った効果は上がりません。音読そのものは上手になるかも知れません。しかし，音読名人を育成することが，音読指導の目的ではないはずです。土屋 (2004: 57-58) は，

　　明示的知識を自動化するメカニズムはまだ十分に明らかに

なってはいないが，そのルールを意識せずに正しく使えるようになるためには，相当量のリハーサルと使用経験が必要なことだけは確かである。

と指摘しています。このようなリハーサルとして，音読は有効なのです。

　音読指導を，教科書で学習した内容を瞬間的な反応として使用できるようにするための練習だと考えてはどうでしょうか。文法規則や慣用表現を，単に頭の中の知識として知っているだけで実際に使いこなせなければ，ペーパードライバーと同じことです。ペーパードライバーのレベルから，実際に自動車を運転できるレベルまで引き上げるためには練習が必要です。このような練習として，音読指導は有効なのです。

　中学1年生のうちは良いのだが，学年が進むにつれて声が出なくなる。このような嘆きをよく耳にします。しかし，よく考えると不思議な話しです。どうして2, 3年生になると音読の声が小さくなっていくのでしょうか。その原因は「上達した。自分の話す英語は相手に通じる」という自信が持てないからにほかなりません。このような自信を持たせるには，どのような指導が必要なのでしょうか。読めば簡単に分かる平易な文であっても，平板で一本調子な言い方で言われては，聞き手は理解することができません。音声が意味を反映していないからです。

　授業では，教師やCDのモデルを真似て音読練習させること

が多いようですが、これだけでは、意味が乗った音声を自力で作り出す力は育ちません。土屋（2000）は、こういった従来方式の問題点を、

> この音読練習法では、生徒は常にテープや教師のモデルを真似ることになる。これが問題である。このやり方を続けていると、生徒はモデルがないと自力では読めないという、非常に困った習慣を身につけてしまう。
>
> 要は生徒自身にどう読むかを考えさせることである。いつもモデルを先に与えるのではなくて、どこで区切って、どこに強勢をおき、どんな抑揚をつけるかを、生徒自身に研究させるのである。自力で正しく音読できるようになるためには、このような指導を中学校2年生あたりから少しずつ積み重ねていくことが必要である。　　　　（下線は引用者）

と指摘しています。それでは、モデルなし音読を授業で行う際には、どんなことに注意しなければならないのでしょうか。それは読ませるテキストの難易度です。未習の語句や文法事項が満載のテキストは、内容を理解するだけで手一杯になってしまいます。そこで、生徒が楽に読める程度に平易なテキストを与えることにするのです。仮に中学3年の2学期だとしたら、中学2年3学期〜中学3年1学期レベルのテキストを選びます。特に支障なく内容をつかめたら、それを「仲間たちに語って聞かせる」つもりで音読させてみるのです。何人かの生徒に読ませた後で「な

ぜ，そのように読んだのか」「どちらの読み方が適切か」などを生徒に考えさせていきます。このようなプロセスを通して，自力で「意味を音にのせる」力が育成できるのです。教員が正しい読み方のモデルを示すだけでなく，生徒自身に考えさせて，気づかせることが大切なのです。

　もちろん，生徒が気づくようになるには，それまでに教員が示す正しいモデルを生徒たちが聞き続けていることが前提になります。教員はモデル・リーディングを通して，意味と音の関係を生徒たちの心と身体に刻みつけていく必要があるからです。このモデル・リーディングの難しさについては，今から約80年も前に東京高等師範学校（後の東京教育大学，現在の筑波大学）の教育実習生を，黒田（1934: 441）が厳しく叱責している記述を読むと，身の引き締まる思いがします。

> 　中学校の教師としては，英語の基礎的方面の知識は更に進んだ文学語学の高級的知識に劣らぬ大切なものであるということを忘れてはならない。（中略）'A bird can fly up in the air.' という文があったが，君は教壇に立つ前に fly の次で切るのと up の次で切るのとで文の意味が変わってくることを考えてみたか。小さな問題だと思うかも知れない。しかし，中学校の先生としては決しておろそかにしてはならないことである。

（久保野雅史）

7

Q 中学1年生に基礎語彙を教えるにはどうしたらいいですか。

A 中学1年の入門期は，単に英語を教えるだけでなく，その学習スタイルにも慣れさせる大切な時期といえます。つまり，母語の使用は必要最小限にして，英語を通して英語を学ぶスタイルの確立ということです。基礎語彙を教えるのは，まさにその良い機会となります。

ハロルド・E・パーマーは，未知の語を導入する際に四つの方法を挙げています。

(1) 実物提示： 実際のもの（あるいはそれに準じた写真・絵など）を提示したり，具体的な動作をして，それを英語で発して意味づける。
(2) 翻訳による提示： その英語に対応する母語で意味を明示する。
(3) 定義による提示： その英語を別の表現で言い換える。
(4) 文脈による提示： その英語の用いられている文脈を示して意味を明示する。

この中でも，入門期には教室内のものを示しながら，それに当たる英語を教える実物提示は大いに活用すべきでしょう（This is

… / That is … の導入などを伴って)。

　文脈による提示も活用範囲が広く，工夫次第で入門期から使用できます。基数は数字を板書して "one, two, three …" と一種の実物提示で事足ります。ところが，序数は少し工夫が必要です。たとえば，野球のダイアモンドを書いて本塁から矢印を書いて1塁を示し，音声的にもなじみのある既知の「ファースト」から未知の "first" 以下を導入する。または，時間割の1時間目を指し，"What is the first class? The first class is English." と例を示してから順次 second, third … と導入するなどが考えられます。いずれにしても，学習者に単なる数字でなく「何番目ということを示す」ことを文脈で悟らせることが必要なわけです。

　「1, 2 は one, two … だけど，1番目，2番目は first, second と言います」と日本語で説明したほうが手っ取り早いように感じますが，上のように英語で説明を聞く場合，頭の中で生きた英語を実体験していることになり，それこそが英語学習の基本となるわけです。その際，まずよく音を聞かせ観察させ (perception)，その意味を認識させ (recognition)，正確に音を模倣させ (imitation)，最後は補助なしでそのものを指すことで発音させ (reproduction)，という4段階を踏むことも大切です。

　このように英語を通して語彙や文法を教えていく場合には，効果的な導入順が問題になりますが，その参考になるものとして，前述のパーマー著 *English through Actions* (開拓社) や A. S. ホーンビー著 *The Teaching of Structural Words and Sentence*

Patterns・Stage I-IV（研究社）があります（特に Stage I・II は有益）。

　なお，語彙は音声で導入するのが基本ですが，その後定着を図る際に，その語源に触れたりすることも一つの方法だと思います。その参考書として『英語語源小辞典』（研究社）や『英語基本語彙辞事典』（中教出版）があります。後者は，基礎語彙の背景や教える際の注意点を記した労作です。

　たとえば，「水曜日」の Wednesday はつづりと発音にズレがある点で初学者には要注意の語彙の一つですが，『英語基本語彙辞事典』には Wednesday means the day of Woden. の用例とともに，この単語がもともとラテン語の「水曜日」に相当する語を翻訳したものであり，Woden は北欧神話の Odin にあたる神の名であることが示されています。また，『英語語源小辞典』には 1300 年頃には音位転換が起こり Wendesdei が現れ，14-17 世紀にはその短縮形 Wensday が用いられていたこと，さらには，北部・北西部方言では［ウェドンズデイ］という発音も残っていると説明されています。もちろん，こうした情報をすべて学習者に言う必要はありませんが，英語の教師としてはこのくらいの背景を知っておき，時として「よもやま話」的に話すことも大切でしょう。

　もう一つ，英語教師として押さえておくべきことは，基礎語彙においては単に意味だけでなく，その語法を含めた形で指導していかなければならない，ということです。上述のパーマーは *A*

Grammar of English Words (Longmans) という著作の中で, 初学者に必要なおよそ1000語を定め, 一つ一つの語について初学者が知っておくべき意味とその語法（どのような文型をとるか, どのような前置詞とともに用いるかなど）を, 用例をあげて説明しています。彼によれば, "It is in connection with these 1000 words that the great majority of mistakes in grammar and composition are made; it is these 1000 words that prevent the foreign student in the early stages from using English correctively and effectively." ということで, この状況は現在も変わらないと思われます（現在の基本的な英和辞典は, このようなことを念頭に編集されています）。例をあげれば, "run" は基本語の一つですが, 単に「走る」に限らず,「（現象・物事が）なめらかに進む」が基本義にあり, run away, run into, run out of … などあとに続く前置詞・副詞によっていろいろな意味を持つ「成句」にもなりえます。こうした語は, さまざまな例を折に触れて与え, 基本的イメージをつかませることが大切です。

（八宮孝夫）

8

Q 日本語訳を使わないで英単語の意味を教えるにはどうすればよいですか。

A 日本語訳を使わずに単語の意味を教える方法には、やさしい英語による言い換えや、定義、具体例の列挙などの「英語表現による方法」と、写真、絵、ジェスチャー、演示、音声などの「視聴覚的方法」があります。

furniture を例に取ってみましょう。この単語を教えるためには、家具売場のようにさまざまな家具が並んでいる写真や絵を見せることもできますし、(1) のように英英辞典の定義を示すこともできます。

(1) objects that can be moved, such as tables, chairs and beds, that are put into a house or an office to make it suitable for living or working in — *Oxford Advanced Learner's Dictionary* 8th edition（以下 *OALD* とする）

また、単に bed, table, chair, sofa, cupboard … と具体例を列挙することもできます。

まず、「英語表現による方法」について考えてみましょう。英英辞典の難点は、定義に使われる単語が生徒にとって難しいことです。上の *OALD* の例でも分かるように、furniture を知らない

生徒は，objects や suitable も知らないでしょう。英英辞典の定義を授業でそのまま使ったのでは，大半の生徒は理解できません。

一方，bed, table などの実例の列挙は具体的で，分かりやすそうです。しかし，どの単語が furniture で，どの単語は furniture でないかを生徒に理解させるためには，この範疇に入る単語をすべて列挙しなくてはなりません。そして furniture に入らない単語についても述べる必要があります。また，furniture かどうか迷うような周辺的な語の判断には個人差があり，境界線がはっきりしません。したがって，実例の列挙だけでは furniture の意味を正しく教えることはできません。

正しく furniture の意味を教えるためには furniture の共通の特徴について述べなくてはなりません。別の英英辞典を見てみましょう。

(2) large objects such as chairs, tables, beds, and cupboards — *Longman Dictionary of Contemporary English* 5th edition（以下 *LDOCE* とする）

(3) the chairs, tables, beds, etc. that you put in a room or house so you can live in it — *Macmillan English Dictionary* 1st edition（以下 *MED* とする）

各辞書の furniture の定義のキーワードは以下のとおりです。

OALD: a house or an office / suitable for living or working in

LDOCE: large objects

MED: a room or house / you can live in it

まとめると，furniture の主な特徴は次の3点です。

① 家，(室内)，オフィスにある
② 大きい
③ 生活のため，仕事のために必要

OALD と *MED* は①と③を，*LDOCE* は②を特徴としてあげていますが，他の特徴については触れていません。

授業で furniture を説明する時は，①〜③の特徴を取り上げ，具体例もあげて，(4) のようにするとよいでしょう。これは英英辞典と単語列挙の折衷案です。こうすれば難しい単語を使わずに，①〜③の特徴に触れながら furniture の意味を伝えることができます。簡略版として (5) も考えられます。

(4) large things that you put in a house so you can live in it (or large things that you put in an office so you can work in it), such as beds, tables, chairs, and desks

(5) large things for living in a house, such as beds, tables, and chairs

なお，such as 以下の具体例は家具なら何でもよいのではなく，beds, tables, chairs のような典型的な家具にしてください。家にある大きな品物でも，電化製品は furniture とは言いにくいようです。衣食住や事務作業に欠かすことのできない bed や table, desk や chair など，furniture の代表例を通して，生徒に furniture のイメージを持たせてください。

次に「視聴覚的方法」について考えてみましょう。写真はひと目でイメージがつかめるので，その点では効果的です。サッカーの試合の写真を見せれば soccer という単語を導入できます。サッカーは誰でも知っていますが，知名度の低いスポーツはどうでしょうか。(6) のように言葉だけで説明しても，この競技のイメージは伝わりにくいでしょう。

(6) a game played on a field by two teams of ten players who use sticks with curved nets on them to catch, carry, and throw the ball — *OALD*

ところが，写真を見せて lacrosse と言えば，「百聞は一見に如かず」です。

しかし，写真を見せれば何でも OK というわけではありません。写真は見栄えはいいですが，注意も必要です。ラクロスの次は体操競技を考えてみましょう。教師が gymnastics という語を教えようとして「ある選手が体操競技のつり輪をしている写真」を見せた時，生徒はこの写真をどのレベルで受けとめるでしょう

か。この写真からは，次のようにさまざまなレベルの情報が読み取れます。

① gymnastics「体操」（競技名）
② rings「つり輪」（種目名）
③ iron cross「十字懸垂」（技の名前）
④ a gymnast「体操選手」
⑤ 「○村△平選手」（選手の氏名）

したがって，教師が伝えたい意味と，生徒が受け取る意味が同じとは限りません。教師はこの写真で gymnastics を導入したつもりでも，生徒は「両腕を左右に伸ばして静止する技」を gymnastics というのだ，と思うかも知れません。写真を使って gymnastics の意味を伝えたいならば，つり輪，床，鉄棒など数種目の写真をあわせて見せるとよいでしょう。

　ある英単語が表す品物や現象を写真に撮り，それを生徒に見せればその意味が伝わると，簡単に思いがちですが，「逆は必ずしも真ならず」です。インターネットの画像検索ソフトを使い，英単語を入力して現れた画像を生徒に見せて，これは何かと尋ねても，元の単語が返ってくるとは限りません。たとえば，dog を検索して出てきた画像を見せても，反応は dog ではなく spitz や collie かもしれません。

　写真を使う場合は構図やアングルなどを考えて，単語の意味が最も正しく伝わる写真を選んでください。たとえば，spaghetti

ならばレストランのメニューの写真よりも，棒状のパスタだけの写真のほうがよいでしょう。メニューの写真は，パスタの上にソースがかかっていますから spaghetti という単語が，パスタの種類なのか，ソースの種類なのかわかりません。もちろん，スパゲッティーは誰でも知っていますから，この違いが分かりにくいかもしれません。もっと知名度の低い食べ物で考えてみましょう。

写真① fusilli

写真①の fusilli とは何でしょうか。ソースも含めた料理全体の名前でしょうか。それとも，パスタの種類の名前でしょうか。写真①ではどちらなのか，よく分かりません。実は fusilli はパスタの種類名です。写真を使って fusilli を導入する時は，写真②を見せれば fusilli がパスタの種類名だとすぐ分かります。

写真② fusilli

　絵は写実的で精密なものより,単純化した略図のほうが焦点がはっきりします。prison は,図1のように,柵の縦棒と人間の悲しい表情を単純化するとイメージを伝えやすいでしょう。gable は,図2のように家の絵の該当部分を塗り,そこに焦点をあてて示すことができます。絵が写実的になると,服装,髪型,装飾品など,不必要な情報が入ってしまい,絵のどの部分にその単語の意味があるのか分かりにくくなります。

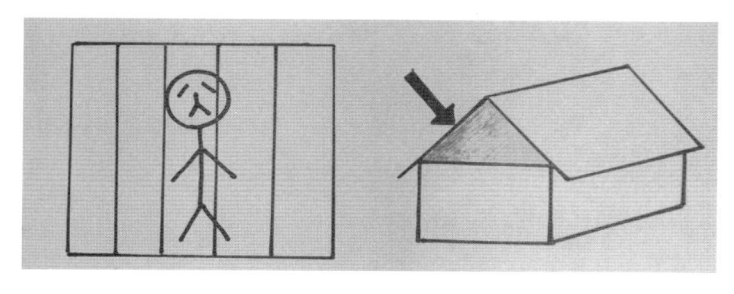

図1　He is in prison.　　　　図2　gable

略図は場所を表す前置詞などを教える時にも有効です。次の図は●が指す物の位置関係を簡潔に表現しています。

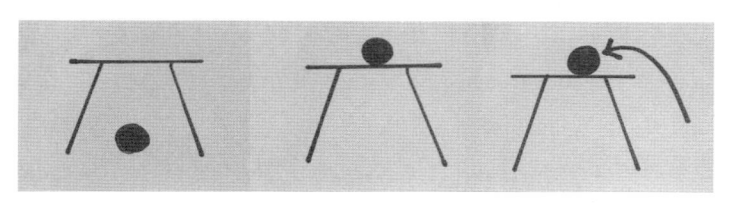

under the table　　　on the table　　　onto the table

教師の実演も重要です。本を逆さに持ち"upside down"、上着を脱いで裏返しにして"inside out"、腕を組んで"fold my arms"といったジェスチャーは効果的です。動作は大きくはっきりと行い、体の他の部分が余計なまぎらわしい動きをしないように気をつけてください。体の一部を指して、ear, elbow, thumb, wrist と言うときは明確にその部分だけを指し、他の部分に触れないようにしてください。eyelid や lip のような小さい部分は、

どこを指しているか分かりにくいので，体を指すよりも黒板に絵を書くほうがよいでしょう。

ここまで「英語表現による方法」と「視聴覚的方法」の特徴について述べました。どの方法がよいかは単語によって異なります。次に例をあげながら各方法の比較をします。

写真が最適なのは Mother Teresa, capybara, paella のような百科事典的項目です。人物，動植物，料理などは，似顔絵や挿絵では今ひとつピンと来ません。やはり写真が必要です。教科書でもレッスンのトピックとなるこのような語には，必ずと言っていいほど写真が載っています。

一方，写真よりも言葉による説明のほうが分かりやすい場合もあります。poison は見ても毒かどうかは分からないので，If you drink it, you will die. などと例文を示すほうがよいでしょう。また，教師が自分の親戚のおばさんの写真を見せて my aunt と言っても aunt の意味は伝わりません。生徒には，教師と写真の女性との関係が分からないからです。aunt の意味を教えるには（7）のように英語で説明し，家系図を板書するとよいでしょう。

(7) the sister of your father or mother; the wife of your uncle — *OALD*

単語の中には他者との関係で意味が決まるものもあります。たとえば，patient「患者」は *OALD* では a person who is receiving medical treatment, especially in a hospital と定義しています。やはり単語が難しいので，If you are sick and go to see a doctor, you are a patient. などと教師が言い換えをするとよいでしょう。写真を使う場合は，患者本人の写真だけでは意味が伝わりません。マスクや包帯をしていても，それは「病人」や「けが人」であり「患者」とは限りません。病気やけがをしても病院に行かなければ患者にならないからです。診察を受けていることが分かるように「医師と対面し診察を受けている患者」の写真がよいでしょう。

　以上，日本語訳を使わないで，絵や写真，英語の言い換えなどで，単語の意味を説明する方法について述べました。なお，視聴覚的に表現できる単語は限られており，英語の言い換えも抽象語では難しくなります。日本語訳を使うほうが効率的な場合もあるので，一概に「訳語」を排除する必要もありません。それぞれの単語に合った最適の方法をよく考えて使いましょう。（執筆にあたり語研第3研究グループの研究を参考にしました。）

（砂谷恒夫）

第Ⅱ部

指導上の工夫

9

Q 気をつけて指導しているつもりなのですが，生徒の発音がどうもうまくなりません。どうしたらよいでしょうか？

A 発音の正確さを求めるのは時代に逆行することだと考えている人も多いなかで，生徒の発音が上達しないことを悩んでいるのはまずは良いことです。しかし，もし思うような成果が上がっていないとすると，いろいろな原因が考えられます。

発音の大切さを本当に理解させているか： まず先生自身が発音の大切さを本当に理解し，確信し，かつそれを生徒に分からせているでしょうか。「現在世界にはいろいろな英語があるのだから」というのは「日本人的発音でも構わない」という結論を導くためによく使われる論拠です。しかし「世界の英語」と言っても異なるのはほとんど母音であり，子音は事実上共通だという点は見落とされがちです。しかも日本人が苦手とする /l/ と /r/ の区別がないのは一般に知られている言語のなかでは日本語と韓国語だけだというのも意識されていません。つまりインド英語もマレーシア英語もアフリカ系英語も，どんなに発音がイギリス英語やアメリカ英語と違うように聞こえても，すべて /l/ と /r/ の区別はつけた上での話なのだ，ということを知らない人が多いようです。

「世界の英語」の時代に即して習得する必要のある音素を精選

したLingua Franca Core（Jenkins（2000））にも日本人が苦手としている発音項目はすべて残っています。つまりberryもbellyもveryも区別しないような「日本人英語」は，いわゆる他の「世界の英語」と肩を並べることすらできないのだ，ということをまず先生がきちんと理解してください。区別せねばならない音は区別せねばならないのです。

　そして生徒の発音の向上に対して，本気で取り組んでみてください。すでに本気だ，と言われるかもしれません。しかし自分の生徒がいつまでもthの発音やrの発音を身につけない，あるいは身につけようとしない（？）時，その生徒がたとえばbe動詞と一般動詞を混同した文を書いている時に感じるであろうと同じ程度の危機意識や焦りを感じますか？　もしそこまではない，というなら発音指導に対して本気になっていないということです。そして先生自身の本気の欠如は，当然生徒にも伝わります。

きちんと発音しないとおかしい雰囲気を：　英語が教室以外では用いられない日本という環境で思春期の生徒たちが自分だけ「英語っぽい」発音をするのは恥ずかしいし「いい子ぶっている」ようで嫌だと感じるのは自然なことです。ですから生徒に任せておいては「英語の授業の中では英語らしい発音をしよう」という雰囲気は生まれません。教室でその雰囲気を作り出す力があるのは，教師であるあなただけです。

　まず大前提として，あなたは生徒が憧れるような発音で英語を

話しましょう。心の底ではどんな生徒でも，できれば「かっこいい」発音で英語が話せるものなら話してみたいと思っています。その潜在意識を刺激してください。次に，一つ一つの音の出し方をまずは知識として丁寧に教えましょう。まず「発音に気をつければ発音できる」状態を作り出します。その上で，その気になれば「できる」ようになった発音を生徒が「しない」場面に出会ったら，本気になって叱ってください。「こら～！ その気になればできる英語らしい発音で文を読まない君の行為は，自分のためにならないだけでなく，全体の雰囲気を後向きにすることによってクラスメートがよい発音をしようとする機会をも奪う，非常にいけない行為であり，絶対にやめなさい！」というメッセージを，そのつど，ぶつけてください。

　年度が変わって新しいクラスを担当したら，ひと月以内に，「この授業ではきちんとした発音をしないといけないのだ，きちんとした発音をしよう」という雰囲気を作るのが最優先課題です。それさえできれば8割成功です。逆にそれができなければ後は何をしても発音指導に関しては徒労に終わります。

いつでもどこでも発音を意識させる：　発音は口の筋肉の動かし方の「習慣」です。スポーツでフォームを矯正するのと同じで，無意識にできるようになるまで何度も何度も意識して動かし方をコントロールする必要があります。知識として「/r/ では舌先を歯茎につけずに発音する」と分かっただけでは単なる出発点であ

り，実際にどんなときにもそのような舌先の動きができるようになることが目標です。ですから「発音練習」の特別な時間を設けてそこだけでやるのではなく，英語の授業のすべてを通じて，「いつでもどこでも」根気よく注意を喚起するのが大切です。

　本文のコーラスリーディングでは生徒の発音に耳を澄ましていますか。耳を澄ませば何人かは必ずおかしな音を出しているはずです。その音を具体的に指摘し，場合によってはその音を出している個人を特定してフィードバックしましょう。その上でもう一度同じところを読ませ，改善が見られるか，再び耳を澄ませましょう。単に声を出して読んでるだけで満足していては，生徒の発音は上達しません。単に何度も読むだけなら自宅でもできます。生徒の発音を聞いてフィードバックするのが教師であるあなたの存在理由です。

　また発音について注意を喚起するのは発音や音声が焦点になっている活動の時だけではありません。リーディング系の授業で本文理解に関わる質問をして生徒に解答を言わせたり，ライティング系の授業で例文の一部をちょっと読ませたり，文法系の授業の答え合わせで語句を答えさせたり，といった，「発音が第一の焦点ではない」局面こそ大切なのです。そういう場面で発音に目をつむっていると生徒の発音はいつまでたっても変わりません。「発音にそれほど意識を集中していない時こそ，発音を身につけるチャンスである」ことを肝に銘じ，カタカナ発音で読む生徒がいれば烈火のごとく怒ってください。

「自由なスピーキングの時は発音はうるさく言わない」「コミュニケーション活動の時は発音には目をつぶる」「生徒を萎縮させないために発音は注意しすぎない」という方針は間違いです。生徒のためになりません。スピーキングはライティングと違って残りません。だからその音が生成された瞬間にフィードバックを与えないと効果がないのです。発音に意識がいきにくい自由なスピーキングの時やコミュニケーション活動の時にこそ，その生徒のその時点での真の発音技能が現れるのです。その瞬間に「そこだ！」と叩いてやらねば上達はないのです。

母音挿入をやめさせるには：　/r/ や /v/ などの分節要素の発音にもまして日本人の場合に問題になるのが不要な母音挿入です。日本語には基本的に母音で終わる開音節が多く，また子音連結をゆるさないため，生徒はどうしても英語でも子音にすべて不要な母音を付加して発音してしまいがちです。不要な母音をつけてしまうとその分音節が増え，語のイメージがまったく変わってしまい，英語話者にとって大きな違和感を与えること教えましょう。またそのような発音をしていると自分がリスニングをするときにも大きな障害になることも指摘しましょう。

　母音挿入をすると音節が増える，という点を利用して，音節カウントを授業のルーティーンに取り入れることにより，母音挿入を減らしてゆくことができます。音節カウントとは，ある語，あるいは語句がいくつの音節から成っているかを数えさせる作業で

す。たとえば，単語テストの解答としてある語を書かせる時に，スペリングとともに常に音節の数と強勢の位置も答えさせます。たとえば，depend が解答だとしたらスペリングとともに，oO といった表記も書かせ，これも採点対象とするのです。また小テストをしない時も，授業中に折りに触れて，「XX はいくつ？」などといういう表現で，XX という語の音節数を答えさせます。

そして誤った解答が出てきた時こそ，指導のチャンスです。depend に対して「三つ」と答えた生徒には，「じゃあどのように三つに分けたか言ってごらん」と尋ねます。おそらく，「ディ・ペン・ド」と答えるでしょう。そこですかさず，「そう。君みたいな発音なら三つです。君は音節を三つにして発音してしまっています。だから分からないのですよ。正解は二つ。ディ・ペン d です。このように塊が二つのイメージで言ってみましょう。de-pend」などと言いましょう。

また，give という1音節語を，「ギブ」という感じで2音節で発音した生徒に対してはすかさず「give はいくつ？」と問いかけましょう。知識として分かっていれば，おそらく「一つ」と言うでしょう。そこで「だったら一つのイメージで発音してごらん。」と促せば，v の後の母音は消えます。このようなやりとりを続けていると母音挿入はなくなってきます。

また母音挿入をなくすのに非常に効果があるのが，英語の歌の利用です。どんな生徒でも潜在的には英語の歌が歌えればかっこいいなあと思っています。ところがうまく歌えない場合の原因の

第一は，母音挿入です。歌は歌詞の音節がメロディの音符と原則として対応するように造られていますから，give にも him にも some にも time にも一つずつしか音符をあてません。よって，give him some time という4音節のフレーズには四つの音符しかありません。それを，give をギブ，him をヒム，some をサム，time をタイムと発音していれば，8音節になってとても歌えません。英語の歌を練習すると，このように母音挿入をしていると歌えないのだ，ということが実感できるのです。母音挿入発音が出てきた時に，「そういう発音をしているから歌えないんだよ」と折にふれて言ってやりましょう。じわじわと効いてきます。

そして発音技能はきちんと点数化する： 発音の大切さをきちんと伝え，一斉指導中もつねに細かくフィードバックをし，音節カウントもいつもやらせ，歌も使っているのに，それでも発音がよくならないとすれば，それは発音技能が点数化されるようなシステムを作っていないからです。生徒の立場に立ってみましょう。いくら大切だと力説されても，テストに出ない事項にそれほど力を注ぐ気になるでしょうか。テストされないということは裏を返せば，先生はその事項はそれほど実は重視していないことの表れではないか，と思うのではないでしょうか。

　発音技能を点数化するための最も良い方法の一つは，発音課題がプリントされた何らかのカードやシートを配り，そのシートに記載された語句や文がきちんと音読できたら所定の点数を与える

というものです。自分の名前を記入し，その横に得点が記録される欄のある紙を全員が提出する，という形をとってはじめて，クラスの全員を発音に対してそれなりに本気にさせることができるのだと思います。

たとえば，教科書の一つの課の本文から大切な文を七つくらい抜き出し，音読シートとして配布してはどうでしょうか。課題文の一つ一つを，read and look up してきちんとした発音とリズムで言えれば一つにつき 10 点を与える，などとするのです。個別に挑ませることになりますが，そのための時間は授業中に毎回あるいは定期的に 10 分とか 15 分とか確保します。かつ授業外の時間でもいつでも挑めることにしておくこともできます。

課題文を決めるときには，内容的に文脈から取り出しても何度も練習するだけの意味があることと，生徒のその時の英語力に対して長すぎず短すぎずであること，を基準にします。そのために必要に応じて代名詞を名詞に戻したり，修飾語句を省いて長さを調整したりという作業をしましょう。できれば，その七つの文をつなげて言えば，その課の本文の要点が再現されるようなものがベストでしょう。

そのような read and look up を授業中にやらせる方法のバリエーションについては「グルグルメソッド」という名称で『英語授業の心・技・体』(研究社) に詳しく紹介しましたので参照してみてください。「グルグルメソッド」を使えば必ず生徒の発音の底上げにつながります。　　　　　　　　　　　　　　　（靜　哲人）

10

Q 暗唱で英語の力はつくのでしょうか。

A　1. お答え

　ある程度はつくかもしれませんが，ベストな方法とは言えません。英語は日本国内では自分から求めないと，インプットされません。したがって，とにかく生徒に英語を与え，効率よく頭に残してもらい，必要な時にそれを引き出してプロダクションの作業を行ってもらうと言う学習過程が日本では求められます。そうすると，「暗唱」はもっとも手軽に，しかも確実に行える手立てなのかもしれません。頭に残っていないと，口に出して言うことも，書くこともできませんから。しかし，本当に「暗唱」だけしていれば，だいじょうぶなのでしょうか。

2. 「暗唱」の正体

　学習した教科書の本文を暗唱することは，生徒にとっては自発的な発話をするより単純な作業で，気楽に取り組むことができます。問題は，「暗唱」によって頭に残されたものを，再利用できるかと言うことです。つまり，記憶された表現を，別のシチュエーションでも引っ張り出してプロダクションに使えるかと言うことです。生徒は比較的長い文章を覚える際にも，PDFファイ

ルのようにまとめて覚えてしまうことが多いようです。ですから，文章の最初から言うことはできても，その中の表現を他の場面で利用して使うということができないという可能性があります。英語を暗唱すれば，英語をスラスラと言えたと言う喜びはあるかもしれませんが，あまり長続きはしません。学習が進むと，教科書1ページの本文も長くなり，暗唱のタスクも繰り返されると，生徒もだんだんと飽きてきます。しかも，がんばって暗唱しても，PDFの文章の中の一つ一つの語彙や表現を使いこなせないと，生徒のモチベーションも下がります。

3. 再利用できるようにするためには？

　では，どのようにして後で再利用できるように英文を記憶させたらいいのでしょうか。実は，語研の授業でよく行われる story reproduction または retelling はこれを目指したものなのです。Oral Introduction で使用された語句や絵を参考にして，教科書の内容をもう一度，再生するものです。この再生をする際に，文法知識を活用する必要が出てきて，PDFファイルの呪縛からは少しずつ逃れられるようになります。

4. Reproduction は難しくてできない

　しかし，英語のプロダクションに恐れを感じている生徒にとっては，自分で英文を再構築することは，とてもハードルが高くなります。がんばっても暗唱した英文を言うことがやっとです。そ

の暗唱さえままならない生徒にはどうしたらいいのでしょうか。もう一つ手立てが欲しくなります。

5. もう一つの手立て

　そこで，お勧めなのが，「穴埋め読み」です。教科書の本文の動詞の部分だけを空欄にしたプリントを用意し，その空欄を埋めながら音読させていきます。音読ですので，スピードが求められます。その空欄を埋めるために瞬時に英文のルールを働かせなければなりません。主語が分かっていますので，無理に機械的な暗記をしなくても，関連した動詞を思い出すことができます。空欄があると不思議とそれを埋めたくなり，1文につき1語なら，自分にもできるかもしれないと言う期待感が出ます。分からなければ，教科書を見ればいいだけです。練習させる時は，ペアで行わせ，1人が読み，もう1人はチェックをしながら，読み手が分からなくなったら助け（ヒント）を出してあげます。ひととおり読めたら役割を交代します。こうすると，一つのプリントで2回生徒は英文に触れることになります。1回は穴を埋めながら，もう1回はチェックしながらです。慣れてきたら，空欄を増やしたり，穴埋めの語句の品詞を変えたりして，難易度をコントロールすることもできます。

6. では，具体例を見てください

　取り上げた教材は，*NEW CROWN Book 2* Lesson 4 USE （p.

40)(三省堂,平成24年度版)の部分です。ここは見開きで全部で134語の長文を読ませるページです。その左側半分の部分だけを掲載しています。教科書をスキャナーで読み込み,それをWindowsのペイントで加工しました。もちろん,教師がWordで作成してもいいかと思いますが,このようにして作成すると,教科書のレイアウトを崩さずに生徒に読ませることができます。

Enjoy Sushi ★

① Japan ☐ famous for its sushi. In fact, there ☐ many kinds of sushi. Each area ☐ its own type. People ☐ their area's local products. They ☐ making and eating sushi at special events. Some ☐ very colorful. Let's ☐ at two types of sushi.

② ***Kazarimaki-zushi***

Kazarimaki-zushi ☐ from Chiba. There ☐ colorful images in this sushi. You can ☐ flowers and animals with vegetables and other foods. ☐ looking at and eating *kazarimaki-zushi*.

次に徐々に難易度を上げていきます。★二つのプリントでは前置詞を抜きました。プロダクションのタスクで生徒が頭を悩ませるものも,こうして練習させると,それぞれの意味も確認するようになります。★三つのプリントでは動詞だけでなく,内容に関する語彙も空欄にしました。そして,★四つでは,さらに難易度を上げ,文のはじめの語句だけで,あとはブランクとしました。★

68

三つまでは空欄一つにつき1語入れればよかったのですが、ここでは何語になるかも分かりません。こうなるとかなり覚えていないと言えなくなってしまいますので、暗記を強要しないように、和訳をつけました。

Enjoy Sushi ★★

[1] Japan is famous ___ its sushi. ___ fact, there are many kinds ___ sushi. Each area has its own type. People use their area's local products. They enjoy making and eating sushi ___ special events. Some are very colorful. Let's look ___ two types ___ sushi.

[2] ***Kazarimaki-zushi***

 Kazarimaki-zushi is ___ Chiba. There are colorful images ___ this sushi. You can see flowers and animals ___ vegetables and other foods. Enjoy looking ___ and eating *kazarimaki-zushi*.

Enjoy Sushi ★★★

[1] Japan ___ ___ for its ___. In fact, there ___ many ___ of ___. Each area ___ its own ___. People ___ their ___ local ___. They ___ ___ and ___ sushi at special ___. Some ___ very ___. Let's ___ at two ___ of sushi.

[2] ***Kazarimaki-zushi***

 Kazarimaki-zushi ___ from ___. There ___ ___ ___ in this sushi. You can ___ flowers and ___ with ___ and ___ foods. ___ ___ at ___ and ___ *kazarimaki-zushi*.

Enjoy Sushi ★★★★

[1] Japan is _____. In fact, there are _____. Each area _____. People use _____. They enjoy _____. Some are _____. Let's _____.

[2] ***Kazarimaki-zushi***

 Kazarimaki-zushi is _____. There are _____. You can see
_____
_____
_____. Enjoy
_____.

日本は寿司で有名である。実際、多くの種類の寿司が存在する。それぞれの地域には特有の寿司のタイプがある。人々はその地域の特産物を使う。特別な行事で、寿司を作ったり食べたりすることを楽しむ。中には、とても色鮮やかなものがある。（ここでは）2種類の寿司を見てみよう。

飾り巻き寿司
飾り巻き寿司は千葉のものである。この寿司には、色鮮やかな絵がある。野菜やほかの食べ物を使った花や動物を見てとることができる。飾り巻き寿司を見たり食べたりして楽しもう。

7. 留意点

　この活動は，当然教科書の内容が理解され，しっかりと教科書を見ながらの音読練習も行い，本文を見れば読めると言う段階で初めて行います。よく読むこともできないのに空欄のある文章を見せられては，生徒の負担が増すだけです。また，これらのプリントは，生徒の能力や，その時の時間に応じて，途中のレベルでやめてもかまいません。次の活動に移る前に，このプリントを読むだけの発表をさせることもできます。さらに，よく読めるようになった後に，この空欄に書き込みをさせたり，それを小テストとして行うことも可能です。また，こう言う形で和訳を提示すると，生徒に「和訳をもらった」と言う安心感を与える一方で，実際にはお守りにしているだけで，その和訳を見ている生徒はあまり多くはありません。あてにしなくてもすでに理解していると言うことが起きるわけです。

　そして，最後にいよいよ story reproduction を行わせていきます。すでにこれらのプリントを通して，何回も英文を多少頭で考えながら言っていますので，ヒントとなる絵や語彙を与えるだけでも，ずっと言いやすくなります。特に，このタスクは次の時間としないで，プリントによる音読の音が生徒の耳に残っているうちにやった方がより効果的です。発表の英文も，本文の丸暗記ではなく，多少自分でアレンジしたものが多く産出される可能性もあります。

　　　　　　　　　　　　　　　　　　　　　　　　（小菅敦子）

11

Q 単なる和文英訳ではない，自由度のある英作文問題を定期試験に取り入れたいのですが，なかなか決心がつきません。どうしたらいいでしょうか。

A 躊躇されている原因や背景はいろいろあるかもしれませんが，主に 1)「うちの生徒には無理」「基礎ですら手一杯で，自由作文など無理」，2)「自由度の高い問題では，採点が大変」という二つではないでしょうか。いずれももっともな不安です。それぞれについて考えてみたいと思います。

まず，1) のような不安と諦めについて。案ずるより，小さいことから何かチャレンジしてみましょう。生徒たちも先生自身も，自分の考えを英語で表現できたらうれしいと感じるはずです。はじめから無理と片付けてしまっては，元も子もありません。

それから，定期試験は学習の成果や習熟度を測るものですから，授業で自由度のある発表活動を行わないで，試験にだけそのような課題が出そうとするのは本末転倒です。

万里の道も一歩から，まずは授業で小さな発表活動などから始めてみてはいかがでしょうか。

教科書本文の導入と内容理解の後，みっちり音読をして，本文が空で言えるくらいまで練習したら，覚えたことを言うのではなく，自分が考えた内容を英語で言えるように，たとえば 1 枚の

絵について自由に3文以内で描写させてみます。口頭で発表して仲間の工夫を充分聞いてから，それを取り入れて3文以内で書いてみる活動につなげます。

　レッスンのまとめとしての発表活動では，教科書のさし絵を並べ，活用できそうな語句を添えた下のようなワークシートを使って，口頭で1分間の発表活動をさせたりします。ペアで練習する際には，聞き手には最後に質問をするように指示するなどして，何度かパートナーを変えて練習させて，全体の前で発表します。そのあと，同じさし絵を使って作文を書かせます。

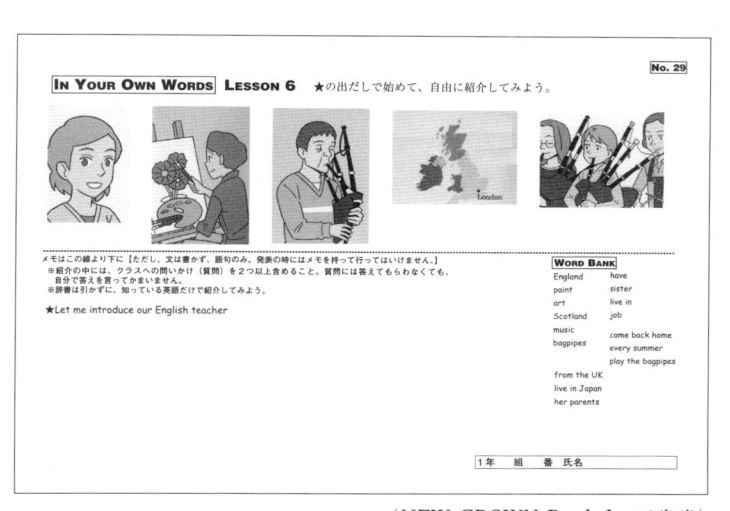

(*NEW CROWN Book 1*, 三省堂)

右図のように，話す活動と書く活動を結びつけ，本文の導入から自由作文課題を目指して，このような活動を積み上げていけば，学期末までにはある程度まとまった内容のことを書くことにも抵抗感がなくなり，

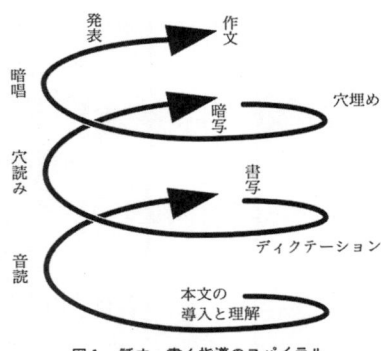

図1　話す・書く指導のスパイラル

挑戦できるようになるはずです。

　生徒が書いてきた作文の中から，参考になりそうな作品をいくつか取り上げて紹介したり，共通に見られた誤りなどを間違い探しとして配布します。このようなフィードバックによって，ほかの生徒から学ぶ機会も増え，文法事項へのフォーカスや意識も高まることが期待できます。

　あきらめずに目標設定し続けることで，そこに近づくためには何が難しいのか，どんな梯子をかけてあげればその困難を乗り越えられるか，目の前の生徒たちに最適な方法を考えることができます。

　次に，2) のような運用面の不安についてお答えしたいと思います。

　まとまりのある自由作文といっても，教科書の題材と無関係の「日米の学校生活について書きなさい」などという抽象的なお題を与えて書かせるということは難しいかもしれません。そこでお

第Ⅱ部　指導上の工夫　73

薦めのお手軽な方法は、教科書などの挿絵をいくつか配置し、「下の絵について、自分の視点から英語で説明してください」というような課題です。教科書本文は登場人物の視点で書かれていますが、それを自分の視点から意見や想像も含めて書く課題です。

　下の例は、1年2学期の期末試験からの例で、三人称単数現在を扱った後の問題例です。

12. 下の絵を参考にして、ブラウン先生とその家族の紹介を英語で書きなさい。紹介は絵を見せながら行う設定でも、文章だけで説明する設定でもかまいません。(分量、内容、正確さで、計10点)

(*NEW CROWN Book 1*, 三省堂)

　問題とともに、採点基準も明示しておきます。私がよく設定するのは「分量、内容、正確さ」の三つです。分量は、初めのうちはたくさん書けば書いただけ点が良くなるように設定しますが、たくさん書くことに慣れてきた頃には、逆に「5文以内で」など

の条件を盛り込むこともあります。

---

10. 授業で学んだ Kevin Carter の写真について、それを批判する立場と共感する立場から、それぞれ5文以内の文章にまとめなさい。（10点）

共感する立場

教科書の写真

批判する立場

（10点）条件（　/2）分量（　/4）正確さ（　/4）→【　　】
【批判的立場】　　　　　　　　　　　　　　　【共感的立場】

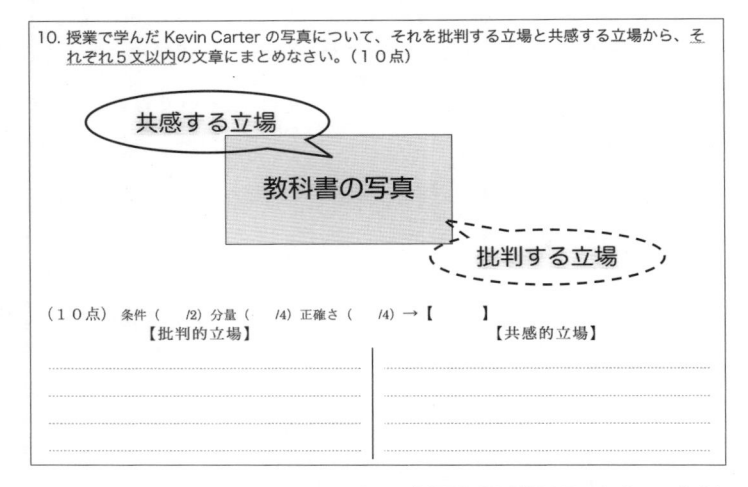

(*NEW CROWN Book 3*, 三省堂)

上の例は，that 節や関係詞を学習した3年2学期の期末試験の例です。教科書で学習した写真家と彼の写真について，異なる立場からの意見をそれぞれ5文以内で書くという問題です。接続詞や関係詞を上手に使わないと，5文ではまとまった内容を表現しきれませんが，そこがこの問題のねらいです。

さて，不安の一つであった採点についてです。毎回の試験で目を皿のようにして細かく採点していては身が持ちませんし，実用的ではありません。私のやり方は，まず分量について全答案を見渡し，最低限の分量をおおむね決めてから，それを基準に分量点だけつけてしまいます。次に，再度答案に目を通しながら，明ら

かなミスや意味不明な箇所に赤線を入れつつ読んでいきます。すべての答案を読み終えたら，内容と正確さについて基準に照らして得点をつけていきます。多少時間のかかる作業ではありますが，読んでいて楽しいですし，何より生徒の誤りの傾向が把握できるので，教師にとっても得るところ大です。

採点終了後，授業での作文課題と同様によく書けた答案を拾い出し，明らかな間違いは修正した上で試験の正答とともに紙面が許す限りたくさん優秀作品例を紹介します。生徒たちは，なるほどそういうことも書けたかなどとつぶやきながら読んでいます。これは，自分たちのレベルで自然に扱うことができるレベルの英語で，自分たちの考えを表現した素材ですから，生徒にとっても格好のインプットになります。

まとめますと，試験問題や直前の指導だけではなく，日々の指導の中で，自分なりに考えた英語を発表する機会を入門期から積極的に採り入れ，積み重ねて行くことが大切です。

定期試験で，必ず自分で考えて英語で表現する問題を出題するということを最終目標の一つに置き，そこに向けて日々の授業やタスクを組み立てていくような，良いスパイラルな連鎖を生み出すことができれば，教師も生徒も英語の授業をより楽しめるようになると思います。

（淡路佳昌）

12

Q 私は帰国子女で「英語の授業は英語で」に苦はありません。でも，生徒は私の英語がよく理解できないらしく，半分が授業開始 10 分ほどで寝てしまいます。どうしたらいいでしょうか。

A 英語を流暢に話せる先生に多い相談ですね。あなたがどのような英語で，どのように話しているのかが問題になります。もし仮に文法の説明を英語で一方的にしているようなら，生徒が寝てしまうのも無理はありません。また，教科書の内容を一方的に英語で話していても同様に生徒は寝てしまうでしょう。とにかく「一方的」はよくないのです。言い方を変えると「講義調」の授業は眠くなるのです。このことは，使用言語が日本語であろうが英語であろうが同じです。たとえば，「一方的な文法の講義」が日本語で行われる場合を考えてみましょう。対象は英語が苦手な高校 2 年生です。ある先生が中学校での学習が身についていない生徒に，関係代名詞の復習をさせようとしています。

　「黒板を見なさい。(I know a girl who sings well. と板書する。) この文の意味は，私は歌を上手く歌う少女を知っています，です。who sings well の部分が a girl を修飾しています。つまり a girl who sings well の部分は，歌を上手く歌う少女，という意味になります。この場合の who を関係代名詞といいます。この関係代名詞句，つまり who sings well の部分ですが，この関係代名

詞句に修飾されている語句，つまり a girl のことですが，これを先行詞といいます。（以下略）」

どうですか。眠くなったでしょう。説明としては間違っていないのですが，これでは生徒がついてきません。これを英語でやったら，さらに眠くなることは確実です。日本語より英語のほうが生徒には分かりにくいからです。あなたのやり方はこんな感じではありませんか。

それでは，一方的ではない方法はどうなるでしょうか。以下の例をみてください。対象は同じく英語が苦手な高校2年生です。（　）内は生徒の反応です。

You study Japanese history. Right? Let me ask you some questions about it. Who built 法隆寺？（聖徳太子）Right! Then, who built 平等院？（藤原道長）OK! Then, who built 金閣寺？（足利義満）Amazing! You're perfect! Let me ask you again. Who built 法隆寺？（聖徳太子）Right. The person who built 法隆寺 is 聖徳太子. Repeat! (The person who built 法隆寺 is 聖徳太子.) How about 平等院？ The person who built 平等院…. (The person who built 平等院 is 藤原道長.) Right! Then, tell me about 金閣寺. (The person who built 金閣寺 is 足利義満.) Great!

いかがでしょうか。最終的には生徒が関係代名詞が含まれた文を自分で作って発話していることがわかります。これは，私の文

法指導の一部です。もちろん実際の授業では，言い淀みなどがあり，これほどスムーズではないのですが，生徒の顔は常に私に向いており，全員が一生懸命参加しようとしています。寝てしまう生徒はいません。あなたの授業と私の授業ではどこが違いますか？

　次に内容理解の指導について考えてみましょう。もう「一方的な講義」の例は必要ありませんね。眠くなりますから。それでは，さきほどの英語の苦手な高校2年生対象の授業からご紹介しましょう。彼らに予習というものはまったく期待できません。そこで，私は予習を前提としない授業を行っています。ちょっと脱線しますが，私は予習を前提とした授業をすると，居眠りをする生徒が増えるのではないかと思っています。理由を説明します。予習をきちんとやってくる生徒はもともと授業に参加する意欲があるものです。居眠りなどしません。一方，予習を指示されながら，それをしないで教室に座っている生徒は参加意識が低いはずです。その状態であなたが予習を前提として授業を進めたとしたら，意欲の低い生徒はついていくことができず寝てしまいます。もしかしたら，生徒の居眠りにはこういう側面もあるのかもしれません。

　さて，具体例に移りましょう。教材にCharlesといういたずらっ子が登場します。その子の絵（図1）を見せて，"Who is this?"と質問します。当然，予習していないわけですから，生徒は答えられません。私は，"Listen! He is Charles."と言います。

図1   図2

そして，生徒にふたたび "Who is this?" を聞きます。必ず，"Charles!" という答えが返ってきます。答えを予め教えているわけですから，答えることができるのは当たり前です。しかし，これが大切な第一歩です。次にいたずらっ子の悪事を絵にします。Charles が先生をたたいている絵（図2）です。これを見せながら，"What did Charles do?" と質問します。生徒は答えることができません。私の絵が下手すぎるからです（笑）。でも心配はいりません。私は "What did Charles do? He hit the teacher." といいます。生徒は「あー」とため息をもらします。私の下手な絵にあきれているのです。私はひるまずに再度，"What did Charles do?" と質問します。生徒からは，"He hit the teacher." という答えが返ってきます。この方法を繰り返して，少しずつ内容を導入していきます。ある程度の内容が理解されてから，教科書を開かせます。一定の内容理解ができているため，読解活動は容易なものになっています。

　この方式を1週間ほど続けましょう。生徒はあなたの英語の中に答えがあることを知って，ついてくるようになります。そうなれば，少し欲張ることも可能です。生徒に質問させてみましょ

図3

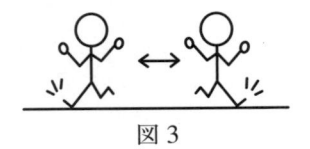

う。生徒は先生に英語で質問することに慣れていません。ですから，慣れさせることが大切です。あなたはCharlesが教室で悪事をしている絵（図3）を見せて，"Ask me what Charles did."といいます。"What did Charles do?"という「生徒の質問」を誘導するのです。あなたの英語の中に質問文を作るヒントが隠されていることを悟ると，生徒はついてくるようになります。あなたは図3に対しては，He pounded his feet on the floor, and made a lot of noise. と答えます。この答えを生徒たちにリピートさせて定着させます。これも1週間程度続けます。1ヶ月ぐらい経つと「教師の質問」と「生徒の質問」で授業がある部分が構成されるようになります。やがて，お互いの信頼関係ができるようになると，図4に対しては生徒のほうから"What did Charles do next?"という質問が出るようになります。あなたの答えは，He bounced a seesaw on the head of the girl, and made her bleed.

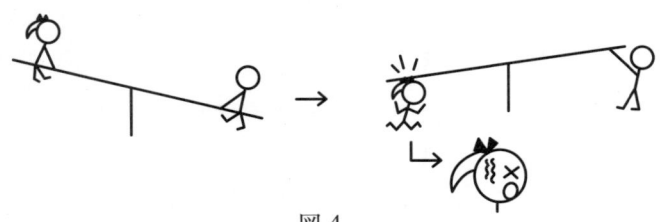

図4

ですが，不思議なほど生徒の頭に残ります。自然な文脈の中であなたが生徒に与えた英語だからだと思います。

　英語の授業は言葉の授業なのですから，「言葉のやりとり（インターラクション）」が大切です。あなたは「たまに，英語で質問」なさるようですが，その程度では「一方的」な授業といえます。言葉の授業に限らず，本来，授業というものは「教師が質問し，生徒が答え，さらに生徒から質問が出て，教師がそれに答える」という活発なやりとりが必要です。それが生き生きとした授業です。英語の流暢なあなたなら，ちょっとしたコツを飲み込めばうまくいきますよ。頑張ってください。

（四方雅之）

13

Q 教科書の英文を定期試験の読みの問題に出しているのですが、生徒も内容が分かっているので、これでは内容理解のテストにならないように思えます。どうしたらいいのでしょうか。

A 定期試験とは、ご存じのとおり、一定の指導を終えたあとに実施される試験です。ですから、指導と非常に密接な関係があります。ただ、定期試験のようなテストで、指導の何に基づくのかは、議論が分かれます。大きくは、指導の「内容」に基づく場合と「目標」に基づく場合があると考えられます。Arthur Hughes (2002) は *Testing for Language Teachers*, 2nd ed. という本の中で、achievement test (「定期試験」はこの一種) はコースの「目標」に基づくべきであると主張しています。読みの問題で言えば、「内容」に基づくというのは、授業で扱った英文をそのまま出題することになりますし、「目標」に基づくというのは、その英文の読解を通して身につけさせようとした英語力がついたのかを見るために、授業で扱ったのとは別の英文を出題することになります。

これまでの多くの定期試験では、既習の英文を定期試験で出してきているようですが、これではその英文を自力で読めるのかはわかりません。こうしたことは、少し考えてみれば自明なことです。そのためか、既習の英文を出している場合は、皮肉にも内容

理解を問う問題がほとんど含まれていないということがよくあります。内容理解に関わるのは，下線部和訳くらいしかない「総合問題」もよく見かけます。また，多肢選択式の内容理解問題が含まれている場合もありますが，授業でやっているので，文章を読まなくても答えられてしまいます。

　しかし，教科書の英文を定期試験に出さないというのは，勇気のいることかもしれません。「生徒が授業の復習をやらなくなるのではないか」，「教科書以外の英文などをうちの生徒に出しても読めっこない」，などの声を聞きます。「でも ...」と私は思うのです。数学の先生が授業でやったのと全く同じ問題を出すでしょうか。生徒にその特定の問題の解法そのものを覚えてきてほしいのでしょうか。答えは，「ノー」でしょう。学校を卒業してから，その教科書の英文そのものに出くわすことはほぼありません。卒業後は，生徒は自力で英語を読まなければなりません。学校では，浮き輪を使って泳げたように見えていても，卒業後はその浮き輪はなく，ひとりで泳ぐ力がなければ，溺れてしまうのです。だとすれば，教科書の英文を定期試験にそのまま出題して，生徒が「読めたことにしてしまう」とすれば，教師は自身の指導の問題点に気づかずに過ぎてしまいます。

　「指導目標」に基づく定期試験では，「読むこと」の指導目標が明確になっていなければなりません。この目標の設定に当たっては，教科書の英文を用いて指導することによって，どのような「読みの力」をつけようとするのかを考えることになります。こ

の指導目標の下に指導がなされ,その目標が達成されたのかを定期試験で見ていくことになります。

　たとえば,ある人物伝を読むことになっているのであれば,その人物伝を読むことによって,どのような「読みの力」をつけるのかを考えなければなりません。教科書の英文のレベルやそこに含まれる語彙や文法は,「読めるようになる文章」を規定する重要な特性の一つです。しかし,授業で身につけるべき「読む力」には,これらの言語処理ができること以外にも,読むことに固有な技能があります。上の例でいえば,「ある人物に起こった事柄を時の流れを表す表現などを頼りにしながら全体のあらすじを読み取る技能」というようになるでしょう。このような評価の考え方は,『評価規準の作成,評価方法等の工夫改善のための参考資料（中学校外国語）』にも明確に書かれています (http://www.nier.go.jp/kaihatsu/hyouka/chuu/10_chu_gaikokugo.pdf, 国立教育政策研究所教育課程研究センター, 2011)。

　この場合に,テストに用いるテキストは,授業でつけようとした読む力（語彙や文法を含む）を身につけていれば読めるはずのテキストでなければなりません。そうしたテキストの作り方としては,「パラレルなテキスト」という考え方があります（根岸(1993)）。「パラレルなテキスト」では,基本的にテキストの構造は同じで,名詞や動詞などの内容語が入れ替えてあります。

　ただ,こうした入れ替えが可能なのは,中学1,2年の教科書の文章くらいでしょう。学年が上がって,テキストの中身が濃く

なってくると，そうした入れ替えも簡単ではありません。そこで，次に考えられるのは，同じテキスト・タイプ，ジャンルのテキストで，類似したトピックのテキストです。上述の例で言えば，教科書である人物伝を扱ったならば，テストでは別の人物伝を用いるというようなことが考えられます。こうした場合は，他社の教科書の同じ学習段階にある英文なども参考になるでしょう。

　確かに，「読むこと」の指導における指導目標をこのように確認するというのは，時に抽象的な作業となり，難しいかもしれません。そこで，一つの提案があります。指導を始めるに当たり，その指導の結果どのような英文をどう理解できるようにしたいのか，その英文と読解問題を作っておくのはどうでしょう。これを先に作ることで，授業を行いながらこの指導で生徒はその英文が読めるようになるだろうかということを常に自問自答することができます。これがあれば，その中で出てくる新出語なども授業の中でやっておくこともできます。

　教科書でやった英文を出題するというのは，一見生徒にとって親切なような気がします。しかし，入試や現実の言語使用場面での読みを考えると，それらの場面で必要な読みの手当をせずにいて，最後の最後にそれらの場面に生徒を放り出すのは，実は生徒にとってまったく親切なことではないのではないでしょうか。

（根岸雅史）

14

Q 手書き文字——生徒にはどんな文字（書体）を教えればいいでしょうか。

A ほとんどの学校で「ブロック体（print script）」だけが指導されている現状だと思いますが，「この書体でよいのだろうか」というご指摘だと思います。

まさに同感です。（といっても，一刻も早く「筆記体」に移行すべきだという意見ではありません，念のため。）

個人的には，英国の小学校における手書き文字の指導の実態を日本でも反映させて，「ブロック体」の代わりに，あとで紹介する「イタリック体（Italic hand）」を教えるのが良いと考えています。

まず，従来から指導されている「ブロック体」を詳しく見てみることにします。その特徴は，真円(の一部)と直線で文字が作られていることです。これは「すべての文字が単純な要素から構成されている」ということですから，一見，学習者の立場に立っているように見えるのですが，実は，それだからこそ，手書き文字としてふさわしくないのです。

ABCDEFGHIJKLMNOPQRSTUVWXYZ
abcdefghijklmnopqrstuvwxyz

A quick brown fox jumps over the lazy dog.

http://www.fontspace.com/blue-vinyl/print-clearly

具体的にその理由つまり欠点を挙げてみます：

1) 字形が人工的で美しくない。
2) 横幅があり過ぎて不格好である。
3) 書く時に，腕・指に不自然な動きが求められる。
4) 速く書くことができない。

さらに，次に述べる「イタリック体」と異なり，一つの単語内の文字同士を続けて（つなげて）書くことができないという欠点もあります。

それでは，英国の小学校で主流となっている「イタリック体」を見てみましょう。（入手できるフォントの関係で点線の文字になっていますが，字形を確認するのには問題ないと思います。）

ABCDEFGHIJKLMNOPQRSTUVWXYZ
abcdefghijklmnopqrstuvwxyz
A quick brown fox jumps over the lazy dog.

http://www.fontspace.com/christopher-jarman/jardotty

その特徴は何でしょうか。

1) 楕円が入っているため優しい感じがして，美しい。
2) 欧文文字として細長さが適切で，字形のバランスが良

3) 右に少し傾斜しているため，右利きの人は自然な腕の動きで書くことができる。
　4) そのため，滑らかに，ある程度の速さで書ける。

　そして，もう一つの特徴として「画数（の少なさ）」もあります。

　たとえば，「ブロック体」の a の画数は何画でしょうか。初めに c を書いたあと，鉛筆の芯を紙から一度離して，改めて縦棒を書くのですから2画です。これに対して上の書体の文字 a では，右上から書き始めて楕円を書き，出発点に戻ったあと，鉛筆の先を紙から離すことなく逆 v 字ターンをして線を下ろすのですから1画ということになります。同じことは d, g, q そして b, p にも言えます。

　また，よく見てみると，k と y も一筆書きできる，つまり1画の字形になっていることに気づきます。一般的な活字と異なる字形ですから，習得には少し時間がかかるかもしれませんが，いったん覚えてしまえば，間違いなく書きやすいはずです。

　さらに，興味深いことに，上の書体の文字は，単語内の文字同士を続けて（つなげて）書こうと思った時，隣の文字との接続線（connecting stroke）を補うだけで，簡単に続け字が書けるという大きな特徴もあります。その書体も見てみておくことにしましょう。

（無理して続け字を書く必要はまったくありませんが，英国の National Curriculum では，早い段階から続け字（joined style）を指導するよう明記されています。これは英語が，単語と単語の間にスペースを空けて書く「分かち書き」の言語ゆえに，単語内の文字同士はつなげておいたほうが，文中で語の認識がしやすいからです。）

ABCDEFGHIJKLMNOPQRSTUVWXYZ
abcdefghijklmnopqrstuvwxyz
A quick brown fox jumps over the lazy dog.
http://www.fontspace.com/christopher-jarman/jarman

いかがでしょうか。「イタリック体」の特徴がわかると同時に，なぜ英国でこの書体（あるいは類似の書体）が指導されているかがおわかりになったことと思います。

この書体を身につけるのに手ごろな本として，Rosemary Sassoon et al. (2011) *Improve Your Handwriting* (Teach Yourself), Hodder & Stoughton を挙げておきたいと思います。

なお，手書き文字に配慮する以上，ハンドアウトで使うフォントにも気を遣いたいものです。上の本の著者の1人が開発したその名も Sassoon というフォントは，そのまま手書き文字のお手本にもできるほど，学習者に優しいものです。こちらは有料ですが，ぜひ使ってみることを強くお勧めします。

ABCDEFGHIJKLMNOPQRSTUVWXYZ

abcedfghijklmnopqrstuvwxyz
A quick brown fox jumps over the lazy dog.
http://www.sasoonfont.co.uk/　あるいは
http://www.myfonts.com/person/Rosemary_Sassoon/

　ところで，ご存知のように，検定教科書（中学校1年生）の巻末には，手書き文字の「お手本」が載っています。現行の検定教科書のほとんどには，「ブロック体」に加えて「筆記体」と名前が付けられた書体が掲載されています。

　では，教科書に大切に掲載されている「筆記体」を指導する必要はあるのでしょうか。私の答えは「必要ない」。というのも，英国では現在，実用のための文字としての「筆記体」の価値はゼロだといえるからです。小学校でも数十年も前から教えられることはなくなっていますので，この文字を使う人も多くありません。

　では，なぜ，英国では過去のものである「筆記体」が日本の教科書に載っているのでしょう。英語が日本に入ってきた当時，英米で実用されていた，流行の「筆記体」が，その後の本国での変化を知らないまま，日本では「ブロック体」のあと，できるだけ早く身につけるべき書体として尊ばれてきたからであるように思われます。

　もちろん，英米で「筆記体」（copperplate系）の文字を，目にすることはあります。たとえばレストランのメニューなどです。け

れどもこれは，実用ではなく，言ってみれば「芸術」の域の話です。(和食のお品書きが行書体の筆文字で書かれているようなものでしょう。だからと言って，日本語学習中の外国人に，行書体を指導する日本語教師はいないはずです。)

　教科書の話のついでに，最後に，教科書で使われているフォントに触れておきたいと思います。中学1年の検定教科書を見ると，1〜2学期分，あるいは1年分に相当する本文が「ブロック体」に近いフォントで印刷されています。

　授業では，教科書の本文を，上で紹介したフォントのどれかで印刷し直したハンドアウトを使うことを提案したいのです。手書き文字としてふさわしくない「ブロック体」でなく，そのまま手書き文字のお手本となるようなフォントを生徒には見せたいと思うからです。(日本の小学校の教科書が文字通り「教科書体」で印刷してあることを思い起こしてください。)

　ちなみに，プリント等で「手書き感」を出そうとして comic sans あるいは chalkboard のようなフォントを使う方もいますが，これらのフォントは「ブロック体」と変わりのない，非教育的な文字ですから，使用を避けるのが賢明でしょう。

(手島　良)

15

Q 生徒に多読をさせたいのですが、どうすれば効果的に実施できますか。

A 英語の力は英語に触れた量とほぼイコールと言われています。学習者が自分のレベルに合った英語の本を自分の好きな時間に読むことにより、英語のインプット量を増やし、読む力をつける多読は英語力をつける上で極めて有効な学習法です。人は読めるレベル以上の英語は聞けませんし、話せませんし、また、書けません。読めることはすべての土台になります。この土台をつくるために効果的な多読の実施について経験に基づいてお話します。

1. 多読の実施方法

実施方法は二つあります。担当クラスの生徒を対象に期間限定で実施する方法と全学年あるいは全校生徒を対象に長期にわたって実施する方法です。前者はクラス全員が参加し、期間も限られているので比較的簡単に実施できます。しかし、期間が終わるとそこで読むことも終わりとしてしまう生徒が多いのが実情です。

後者は参加希望者が自主的に参加するプログラムになります。自分から参加してくるだけのことはあって、黙々と冊数を積み上げ、いつの間にか驚くほどの英語力をつけている生徒へと成長し

ていきます。

　問題はどれだけ多くの生徒をこの多読プログラムに巻き込み，かつ長続きさせられるかです。

　どちらの方法を選ぶかは，ご自分の勤務する学校の状況で判断することになると思います。私は二つとも経験しております。

　本稿では全校生徒を対象として長期にわたって実施した多読プログラムの実践例を紹介します。

2. どのような教材を使うか

　生徒が自分で読めるレベルか，それより少しやさしいレベルの本から始めます。あるページを開けて，そこに三つ以上知らない単語があったら，その本は難しいと思ってください。

　この活動に適した教材の一つに，英国のオックスフォード大学出版局が出版している Oxford Bookworms Library シリーズ (Bookworms は「本の虫」の意) があります。黒い装丁の本です。このシリーズは，六つのレベルにそれぞれ数十冊ずつあり，全巻で130冊ほどとなっています。レベル1より易しいスターターズ〈入門編：中学校2年生レベル〉もあります。中学生や英語が苦手と思っている高校生は，このレベルから始めると良いと思います。ほとんどの本が最後にどんでん返しのあるサスペンス調で，先を読まずにはいられない内容になっています。飽きさせない内容で読者を惹きつけ，知らないうちに英語力をつけていくようにと工夫されています。

多読用教材としては，ほかにも Penguin (Longman), Heinemann, Cambridge などからも出版されていますので生徒が興味をもちそうなシリーズを選ぶとよいでしょう。

また，ある埼玉県の中学校では多読教材を ALT に書いてもらっていました。日常生活に密着した身近な話題が続々と登場するので生徒は親しみをもって取り組んでいました。

3. どのように本を読むか
(1) 直読直解を心がける

英語の語順どおりに読み進める方法です。「英語が読める」とは，読みながらその内容が頭の中で絵のようにイメージできることであり，日本語に訳してはじめて理解できるというものではありません。また，英文を後ろから訳しあげながら理解していたのでは，時間がかかるだけでなく，文章の流れをとらえることが難しくなります。大量の英文を早く読むためには英語の語順通りに読む直読直解が絶対に必要です。

(2) すぐに辞書を引かない

知らない単語に出会っても，そこですぐに辞書を引かないで，その章が終わってはじめて辞書を引きます。知らない単語には鉛筆や付箋などで印をつけておくと良いでしょう。すぐに引かせないのは，辞書を引いた時点で理解の流れが途切れてしまうからです。また，知らない単語の意味を文脈から推測する力を削いでしまうことにもなるからです。

4. 多読指導の進め方
(1) 教材にラベルを貼る

　レベルを表示し，学校名のゴム印を押したラベルを貼ります（写真参照，S1 は Stage 1 の意）。紛失を防ぐため，本の中にも学校名をスタンプしておくとよいでしょう。

(2) 教材をディスプレイする

　長いテーブルの上にレベルごとに平積みにします（写真参照）。これは生徒が手にとって，パラパラとめくり，この本なら読める・読めないと判断しやすくするためです。本箱に立てるような置き方ではあまり効果がありません。

　自主教材を使う場合は，教材のコピー数枚をクリアファイルに入れて並べておくと利用しやすいでしょう。

(3) 本の貸し出し簿をつくる

　本の所在を管理するため，貸し出し表（資料2）を作成し，生徒に借りる時と返却する時に必ず記入するように指導します。

(4) 読んだ本の記録をつける

　生徒に記録シート（資料3）を配布し，読んだ本の記録をつけさせます。2冊目以降はトータルページをきちんと記録させます。

トータルページ数が増えるのと並行して英語力もアップしていきます。

(5) 励ましの賞状を与える

最初の賞状は 300 ページ（6 冊程度読了）で，その後は 800,1,300, 1,800 ページ ….. と 500ページごとに私は賞状を与えました。何ページごとに賞状を与えるかは，生徒の実態に応じて判断すると良いでしょう。（写真参照）

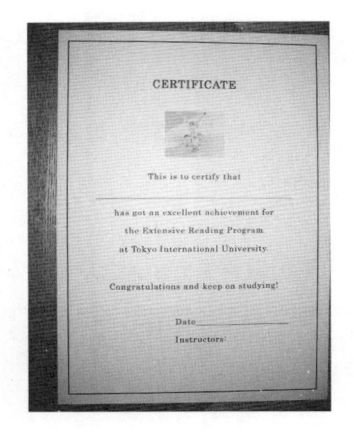

5. 成功への鍵
(1) 本を 3 セットほど揃える

1 セットしかないと生徒の読みたい本がいつも貸し出し中という状況が起こります。こうなると，生徒は多読プログラムから離れてしまいます。生徒が読む本はスターターズやレベル 1, 2, 3 に集中しますので，やさしめのレベルの本を多く揃えるとよいでしょう。

(2) 教師が常に心を配り続ける

このプログラムは放っておくと自然消滅してしまいます。特に，始めたばかりの生徒には，1 冊読了したところで大いに褒め，2 冊目は絶対に飽きさせない内容の本を推薦してあげましょう。300 ページを超えたあたりから生徒は自力で読み進めていけるよ

うになります。

(3) 貸し出し時間・場所を設定する

　貸し出し時間を昼休みと放課後に設定するとよいでしょう。できれば，教師一人が傍にいて，相談にのってあげると効果があります。また，本のディスプレイコーナーは英語科準備室のすぐ近くに設けると管理がしやすくなります。

(4) 取り組み状況をクラスや学校全体にレポートする

　多読プログラムの進行状況を折に触れてレポート（資料1）し，生徒の関心を惹きつけておく努力をしましょう。生徒の感想や，生徒の好きな本を紹介するのもよいと思います。

(5) 「お勧め本」一覧の表を貼る

　生徒から得た情報をもとにお勧め本の一覧をつくり，多読コーナーに貼っておくと借りに来た生徒が本を選ぶ時に役立ちます。

　私は今まで，生徒に英語力をつける取組みをいろいろとやってきました。その中で，この多読プログラムほど生徒・教師共に「英語の力がついた！」と実感できるものは他にありませんでした。教師に少し負担がかかりますが，試みる価値が十分あると思います。ぜひ試みてください。

（藤井昌子）

[資料1] **「多読レポート」より**

長文を読むのが楽になった　　　　　　　3年4組　M.K.（女子）

　多読を始めたのは5月の中ごろです。1ヶ月経ちました。現在，1,400ページを読み終えました。レベル1, 2を中心に読んでいます。英検でいうならば，3級〜準2級あたりのレベルの内容です。一冊およそ40〜50ページですが，約30分をかけて読んでいます。

　多読を始めてから長文を読むのがとても楽になりました。はじめのうちは，「そんなことをする時間があるのか」とか色々考えましたが，今では趣味のように読んでいます。

　「長文を見るだけでもいやだ」という人でも『アラディン』や『不思議の国のアリス』など知っている作品がありますので親しめると思います。

第Ⅱ部　指導上の工夫

資料3　記録シート

読み終えた日	レベル	本のタイトル	ページ数	トータルページ

感想・印象に残った英語表現・初めて会った単語 etc.

読み終えた日	レベル	本のタイトル	ページ数	トータルページ

感想・印象に残った英語表現・初めて会った単語 etc.

読み終えた日	レベル	本のタイトル	ページ数	トータルページ

感想・印象に残った英語表現・初めて会った単語 etc.

読み終えた日	レベル	本のタイトル	ページ数	トータルページ

感想・印象に残った英語表現・初めて会った単語 etc.

資料2　貸し出し表

Extensive Reading 貸し出し表

遠慮したら返却日を書いてください！

書いた日	クラス	氏名	レベル	タイトル	返却日
1					
2					
3					
4					
5					
6					
7					
8					
9					
10					
11					
12					
13					
14					
15					
16					
17					
18					
19					
20					

16

Q 外国人教師との Team Teaching の効果的な指導法はありますか。

A **1. Team Teaching の始まり**

かつて 1970 年代，教室で外国人から英語を習うことがなかった時代，生徒は外国人をみると「ガイジン」と叫んでは "Hello!" と声をかける姿を目にしたものです。その後 1980 年代に必ずしも外国語（英語）教育を専門としない外国人教師が AET(Assistant English Teacher)，ALT(Assistant Language Teacher) として日本の学校に配置されると，外国人教師は音声テープに代わって教科書の文章のモデルリーディングや発音指導を行い，日本人英語教師はその外国人教師の通訳になっていた時代があります。

一方，急速にグローバル化，IT 化が進むにつれて生徒はインターネットなどを通して世界各国で使われる英語にいつでも触れることができるようになり，学習指導要領でも「英語の授業は英語で」の実施にともない，授業が英語で行われるようになりました。そこで Team Teaching による外国人教師と日本人教師の役割，効果的な授業のあり方も再検討されるべき時期を迎えています。

2. Team Teaching はあくまでも一つの授業形態

年間指導計画のなかで，指導目標や生徒の状況を把握している

日本人教師が中心となり，たとえば，既習の語彙，文法事項，他教科で学び得た知識など生徒の実態も十分に反映させながら外国人教師と密に打ち合わせをして指導案を作成し，授業に臨むことが不可欠です。ある言語材料の指導にあたって教室ではさまざまな方法で授業が行われます。たとえば，生徒の目の前にコンピュータがある教室では常に生徒にコンピュータを使わせることが最も効果的な授業ではなく，何を，どのように，指導していくか，その目標，目的に応じて最も効果的な形態，方法が選択されなければなりません。

　2人の教師が生徒の前に立って行われる Paired Teaching であっても，50分すべての時間2人の教師から同時に学んでいるのではありません。あるときは日本人教師が単独で指導し，またあるときは外国人教師が単独で指導することもあります。指導のねらいによって役割分担がきちんとなされることが必要です。

　したがって，教材研究の段階で，たとえば，美術に関する題材を扱う授業で AET，ALT の専門が美術であれば，外国人教師の専門性，そのアイディアを活かし生徒の興味・関心を高める授業が展開できます。授業はすべて学年や他教科の先生とのまさに Team Teaching によってこそより効果的な授業の存在があり，生徒に確かな学力を保証することができるのです。

　もちろん，高等学校で「コミュニケーション英語Ⅰ」と「英語表現Ⅰ」の授業が同じ学年で行われていれば，それぞれの科目担当者が相互に学習内容や進度，学習到達度などについて連携を密

にし，授業に反映させることは英語力の向上に極めて重要なこととです。

3. Team Teaching の基本的な考え方

(1) **教材研究と授業計画**：　学校の中心は「授業」であり，教師はそれぞれの教科についての免許状が与えられ，教壇に立つことができます。したがって，日本人教師が授業の指導計画を最終的に決定し，授業の進行の主導権を握り，外国人教師をいかに活用するかが授業の成否を決めることになります。とかく，外国人教師にまかせてしまうと活動のねらいも曖昧となり，ある活動に長い時間をかけることとなり，緊張感のない授業となってしまう傾向があります。

(2) **授業の進め方**：　英語による指示は入門期より Classroom English を使い，英語の授業のルールとして，生徒が聞き取れなかったときには，Pardon? や同意を表す Uh-huh. I see. などの表現が使えるように習慣づけることも大切なことです。ジェスチャーなどを使いながら，繰り返し英語で指示を与えることにより，指示の意図が理解できるようになっていきます。日本語による授業とは違った英語による授業の流れやテンポをしっかり習慣づけることにより，無駄な時間を軽減することができます。生徒も英語による授業の進め方が分かれば，授業に集中することができるようになります。

たとえば，日本人はとかく初対面の自己紹介で相手の名前が聞

き取れなくてもそのまま次の話題に進んでしまうことが多いようです。しかし，親しい人には，挨拶でも Good morning, Mary. のように必ず名前を添えて挨拶します。そのように外国人教師だから知っている知識を大いに引き出したいところです。

　また，生徒が理解できないような難しい表現と日本人教師が判断すれば，易しい英語で言い換えさせたり，具体的な例をあげて説明させたりする指示を適時だし，英語で理解できるようにすることも日本人教師の大きな役割となります。生徒の理解を深めるために質問をしてさらに詳しい説明をうながすこともできます。

　Team Teaching での最も重要な活動は，できるだけ多くの生徒に発話をうながし，生徒が英語を正確に，分かりやすく話し，書いた英語が外国人教師に理解してもらえたかを評価してもらい，より長く話を続けることができるよう支援することです。学習段階に応じていかに相手に分かりやすく論理的に話すことができたか，fluency, accuracy の両観点からも生徒が成就感を体感できるよう配慮したいものです。

4. 外国人教師の具体的な活用

(1) 題材，言語材料の導入： 文字で書かれた教科書の文章，たとえば，抽象的な題材を教師の口頭による導入によっていかに具体的にするか。生徒が教科書を開いたときに，平面に書かれた文字，語句がどれだけ立体的な理解まで深めることができるかが導入では大切な要素です。

また，新しい言語材料については，生徒の既習知識や経験知などにより文脈を通して生徒が理解できる導入を考えるべきです。教材が Monologue で書かれていれば，2人で Dialogue の形式で導入するといった工夫も必要でしょう。

(2)　発音指導：　実際に生徒が海外でホームステイや現地校で英語を使うにあたって，事前に外国人教師の英語に触れていたとしても，生徒がその速さに慣れるまで時間がかかります。新出語として出くわす単語を一語一語発音すること，聞くことにしか触れていない生徒にとっては語と語の侵略作用など音の変化に対応できないことが多くあります。一語一語の発音を徹底した後に，語と語のつながり，英語のリズム，イントネーションを踏まえ，正確な発音を維持しつつ，自然な速度，たとえば，文の長さにもよりますが1文を1秒～3秒以内で話せるようにストップウォッチを使用し，外国人教師のモデルについて発音させ，生徒にチャレンジさせるような試みも興味をもって取り組んできます。生徒が正しく言えるようになった表現は聞き取ることができるようになるのです。

(3)　評価：　特に話すこと，書くことについては，日本人教師に評価を受けるよりも，英語を母語とする外国人教師に評価を受けることのほうが説得力ある確かな助言となるようです。

　音読など全体で声が出ているようでも一人ひとりになると，正しい発音ができていない，ということがあります。そうならないように warm-up 段階より声を出させるように努め，あるトピッ

クで定期的にチャットなどの活動を取り入れ，一人ひとりの発音を矯正する機会をできるだけ多くもうけることを勧めます。

(4) 学校行事での活用： 授業の学びを学校の教育活動全体で活用する場をもつことは，生きた言葉の教育に大切なことです。たとえば，教科をこえた Team Teaching として English Day，英語劇，英語の歌による合唱コンクール，スピーチコンテスト，暗唱大会，ディベート，観光地で外国人を対象とした英語によるガイドなど学校行事のなかに取り入れていくことを考えてみてはどうでしょう。

5. まとめ

　特に語学教育研究所が実施した調査から General Review が Team Teaching で最も効果的な活用法とされています。

　日本で学んだ英語がそのまま海外で活かせることのできるようになるには，英語だけではなく，その国の文化的な背景について外国人教師から学ぶこともコミュニケーションには欠かせません。また，ICT を活用したプレゼンテーション力も求められます。英語の授業だけでなく，他の教科の授業でも英語で論文を書いたり，発表するなど学校教育全体を通して，世界を担う生徒の育成に努めたいものです。

（櫻井　譲）

17

Q 高校での指導は原則英語で行うということは，日本語は禁止ですか。

A ご質問は，現指導要領のもとで，「高等学校では日本語を一切使わずに授業を進めることが求められている」ので，「日本語は禁止」ですかとの質問と理解してよいですね。まずはなぜ原則英語で授業を進めるように明文化されたかを考えてみましょう。

ご質問にあるように高等学校では原則英語で授業するよう明記されましたが，小学校での外国語活動や中学校の英語授業に関しては，取り立てて英語で授業を進めるようにとは書かれていません（2013年11月現在）。なぜ高等学校の授業だけ「原則英語で授業」するよう求められているのでしょうか。誤解を恐れずに言えば，小学校や中学校ではすでに原則英語で授業するよう努力がなされているからだと私は理解しています。英語で授業を行う訓練を受けていない小学校の先生方でさえ，外国語活動ではALTの先生と一緒に英語で授業を進めています。だから高等学校の先生方も頑張ってほしいということだと思います。

しかし，高等学校の先生が売り言葉に買い言葉で，「英語で授業しろと言うなら英語でやりますよ」と生徒が理解できない英語で授業を進めてもらっては困ります。形式的に教師が授業中に英語を使えば良いというものではありません。では，なぜ私たち英

語教師に英語で授業を進めることが求められているのでしょうか。大切なことは教師の発する英語によって生徒の英語運用能力をどこまで伸ばすことができるかということです。逆説的に言えば，日本語で生徒の英語運用能力を十分に育てられるならば，その授業は素晴らしい授業として認められるべきでしょう。しかし，残念ながら高等学校で広く行われている日本語による「基本訳読式授業」では生徒の英語運用能力は育ちません。

　人は，ことばを聞いて理解し，聞いたことばをまねて話し，聞いて言えることばを読むようになり，読めるものについて書けるようになります。この過程は基本的に母語も外国語も同じだと考えて良いでしょう。ですから生徒が授業を通じて，英語を聞き話し，読み書きできるようになるために，私たち教師は生徒の力に適した英語を適切なタイミングで聞かせなければなりません。どの年代の生徒を教えるときも，ことばを教える教師として，生徒が自分の授業をとおして英語を身につけるように願いながら，英語で授業を進めていきたいものです。

　今まで述べてきたように授業は原則英語で進めることが大切です。とは言え，質問にあるようにもし「日本語が禁止」されたら，授業者である私は個人的に大変に困ります。理由は，私が英語で授業を進めることができないからではなく，私にとって適切な母語の使用は円滑な授業運営に必要不可欠だからです。たとえば，皆さんは今年の授業開きを，どのように進めたでしょうか。教室で出迎えてくれたのは，必ずしもワクワクした気持ちで私たち英

語教師の登場を待っていた生徒ばかりではなかったはずです。クラス替えがあり，教科担任も変わり，苦手な英語の授業にどう対処すべきか頭を抱える生徒もいたでしょう。そのような生徒に対して易しい英語で丁寧に語りかけることは，生徒の不安を軽減させるために英語教師としてぜひ行いたいことです。それに加えて日本語で，「心配ないよ。君ならできる。だまされたと思って，私についてきなさい。」と励ましてあげれば，誰だって気持ちが落ち着きます。あとは生徒の必要を満たす授業を組み立てればよいのです。私はここ一番の締め言葉は，日本語が有効だと思っています。だから日本語が禁止されては困るのです。

　また，勤務校で生徒の英語運用能力を伸ばすために重視していることの一つに「パフォーマンスの振り返り」があります。教師とのインタビューや音読テストなど実技テストの準備段階と実施段階で生徒は多くを学びますが，それ以上に事後指導で発表を振り返るときの気づきが生徒を伸ばすことを私たちは経験的に知っています。振り返りを通して，次の目標設定も可能になります。このように生徒を生かす，振り返り・反省・感想をまとめる段階では，母語が自然で有効です。

　授業中の生徒指導も忘れてはなりません。英語の授業ですから，英語で生徒指導しろと言われれば，それなりにできないことはないでしょう。しかし，その英語がどこまで生徒の心に届くかは，はなはだ疑問です。特に英語学習に対して素直になれない生徒に英語で「指導する」ことは，時に逆の効果を与えかねません。

母語を使って,ことばを選んで指導する必要があります。

また,誰の心にも意地悪・ねたみは巣食うものです。授業中にボソッと発せられた言葉の裏に黒い影を感じたら,私はその思いを即座に摘み取ります。それは時にいじめを防ぐことにもなります。教師の的確な判断で,ことばのナイフを投げる生徒に,素直に自分と向き合う機会を与えたいと願います。こんなときにも,日本語は必要不可欠です。ですから英語の授業で日本語を禁止されては困るのです。

母語との比較で英語の本質が見えてくることもあります。スピーチや作文を指導するときに,まず結論を先に書かせたいときには宮沢賢治の「雨にも負けず」を引用します。「雨にも負けず風にも負けず …」と始めると,必ず何人かの生徒が,「… 雪にも 夏の暑さにも負けぬ 丈夫な身体を持ち …」と続けてくれ,最後に「… そういうものに わたしはなりたい」と結論に行き着きます。「なぁーんだ,『～になりたいって』言いたけりゃ,はじめに言ってくれればいいのに …」とみんなでこの回りくどさに気づきます。しかし,この奥ゆかしさが日本語なのです。"I have a dream." と結論から入る英語と比較すると,それぞれの特徴は,はっきりと見えてきます。

ですから,「日本語が禁止」されたら,困ります。私は,原則英語で教えながら,効果的に母語も使える教師でありたいと願います。

(蒔田　守)

第Ⅲ部

授業運営上の工夫

18

Q グループ・ワークを導入したいと考えているのですが，どのような点に注意する必要があるでしょうか。

A **1. 最初の授業から，そして授業の冒頭から協同作業**

　いったん教師の一方的な説明による文法訳読のようなスタイルで授業を始めてしまうと，生徒が授業は聞くものだという意識から抜け出すことは困難になります。これは，たとえば，日本語を多用していた1学期の授業を改め，2学期から英語主体で進めていこうとしても，生徒は戸惑うばかりでついてこないというケースと似ています。授業は"1人で聞くもの"ではなく，"クラスメートと共に参加するもの"，さらには"ただ黙って座っているだけでは授業に参加したことにならない"という意識を植え付けるためにも，入学後すぐの授業から，英語を用いて他生徒と協同で行う言語活動を導入することが大切です。

　このことは，一つの授業の中でも同じです。教師が延々と話し続けた後に，最後の10分間だけ生徒同士で話し合う活動を設定しても，その時点ですでに生徒の頭脳は受身的な学習スタイルに支配されていて，口を開いて活発な言語活動を展開することは困難になります。ウォームアップのステージから，リラックスした雰囲気の中で，教師と生徒，そして生徒同士で自由に発言できる活動を入れ込むようにします。

2. まずはペア・ワーク+α から

　グループ・ワークでは，複数のメンバーの発話をグループ全員が理解して共有する必要があるため，相手が1人だけのペア・ワークと比べるとハードルが高くなります。そこで，最初の段階では，あまり負荷のかからない話題について次のような"ペア・ワーク的グループ・ワーク"を行うことで，互いに情報や考えなどを適切に伝え，的確に理解し合うことに慣れさせるようにします。

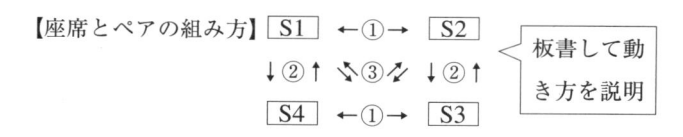

【座席とペアの組み方】
```
 S1  ←①→  S2
↓②↑  ╲③╱  ↓②↑
 S4  ←①→  S3
```
（板書して動き方を説明）

【活動形態・内容（例）】

①	S1⇔S2 S3⇔S4	自分の情報や考えを左右のパートナーに伝える。 （指示例）Tell your first partner your plans for this weekend.
②	S1⇔S4 S2⇔S3	①で聞いた内容を前後のパートナーに伝える。 （指示例）Tell your second partner what your first partner is going to do this weekend.
③	S1⇔S3 S2⇔S4	②で得た情報を対角線上にいる本人に戻し，それが正しいかどうかを確認する。 （指示例）Give the information you got from your second partner back to your third partner and check if it is correct.

3. グループ・ワークにおける言語活動の可視化

たとえば、ディベートやディスカッションの方法を口頭で詳細に説明しても、生徒にはなかなか理解しづらいものです。そこで、過去の生徒が行った同様の活動を映像で記録しておき、実際の動きを見せることで、活動の流れやゴールを示すことができます。

また、最初からグループ任せにするのではなく、クラス全体を一つのグループに見立て、教師が進行役となって、事前に活動を"体験させる"ことも重要です。その際、クラスを一斉に動かしながら、グループ内における各生徒の役割を確認したり、必要に応じて活動時の留意点を説明したりすることができます。

さらに、当該活動における各生徒の役割やそれぞれの役割において最低限必要となる表現をまとめたワークシートを与えるなどして、生徒が安心して活動に取り組むことができるように配慮することも大切です。

【4人グループで簡易ディベートを行う場合のワークシート（例）】

	Affirmative (S1/S4)	Negative (S2/S3)	表　現
立　論	① S1: 肯定側立論		・・・・・・
		② S2: 否定側立論	・・・・・・
立論の要約と反　駁		③ S3: S1の立論の要約＋否定側反駁	・・・・・・ ・・・・・・
	④ S4: S2の立論の要約＋肯定側反駁		・・・・・・ ・・・・・・

4. グループ・ワークを授業の中心に

"十分なインプットがないとコミュニケーション活動を展開できない"という考え方に支配されすぎると，文法事項や語彙・表現の指導に偏り，結局，最後に予定していた言語活動に十分な時間を確保することができなかったという結果になりかねません。「理解してから活動する」というリニアモデルではなく，「活動しながら理解する」というサークルモデルの視点で授業を構成し，ペア・ワークやグループ・ワークにおける言語活動を授業の中心に据えることが大切です。そのために，たとえば，次のような指導モデルが考えられます。

【情報や考えを伝え合う活動を中心とする指導（例）】

① 話題の提示	・オーラル・イントロダクションなどによって話題を導入するとともに，生徒とのインタラクションなどによってスキーマの活性化を図る。
② 第一次アウトプット（グループ・ワーク）	・①で提示された話題について，今持っている英語力を駆使して情報や考えなどをグループで伝え合う。
③ 問題点の把握	・②で行った伝え合う活動を振り返り，うまくいかなかった原因を生徒自身が考える。
④ 補強	・③でわかったことに基づいて，より効果的に伝え合うことができるようになるためにコンテンツ面や言語知識面での補強を行う。
⑤ 第二次アウトプット（グループ・ワーク）	・②と同じグループ・ワークを再度行う。

5. 即興性を重視した話す活動

ペア・ワークでもグループ・ワークでも，互いの発話内容が十

分に理解されないまま進行していってしまうことがよくあります。これにはいくつか原因がありますが、気をつけなければならないことの一つが、"スピーチ大会"にしないということです。話す内容を事前に書いておき、それを読み上げるだけの活動になってしまうと、グループのメンバーが理解しづらくなるだけでなく、即興的に話すことが求められる実際のコミュニケーションの場面で応用できる力が身に付きません。ここでは、前頁の「情報や考えを伝え合う活動を中心とする指導（例）」における「④補強」および「⑤第二次アウトプット（グループ・ワーク）」での指導を考えてみましょう。

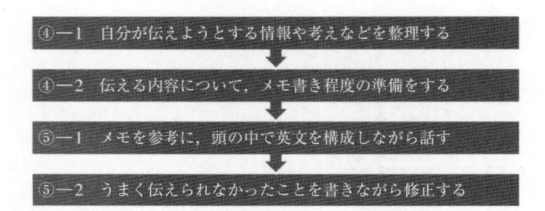

【即興性を重視した「話すこと」の指導（例）】

④-1 自分が伝えようとする情報や考えなどを整理する
④-2 伝える内容について、メモ書き程度の準備をする
⑤-1 メモを参考に、頭の中で英文を構成しながら話す
⑤-2 うまく伝えられなかったことを書きながら修正する

〈留意点〉

④-1： グループ・ワークの前に、聞いたり読んだりすることを通して学習した情報や考え（コンテンツ）や表現（言語知識）を利用しながら話し合うことができるように工夫する。

④-2： この段階ではフル・センテンスを書かず、情報や考えなどを伝えるためのキーとなる表現を語句レベル

でメモする。また，教科書や他の関連教材で学習した表現の活用を第一に考え，辞書はできるだけ使用しないようにする（辞書で調べた語は聞き手も知らない場合が多く，伝わりづらい）。

⑤-1： 流暢に話そうとするよりも，相手の理解度を確認しながら話すことを心がける。

⑤-2： ここでは必要に応じて辞書を使うなどして，⑤-1で発話した内容をより正確な英文にして書くようにする。その際，教師は個々の生徒にサポートを与える。

6. 聞き手側の指導

1人の生徒が話している間，ほかの生徒は必死になってメモをとり続けていることがありますが，これは，通常のコミュニケーションの場面では，講義を聞く場合などを除いてあまり起こりません。グループ・ワークにおいて，各生徒の発話が比較的短い場合は特に，聞き手は話し手を見て，聞くことそのものに集中するほうがコミュニケーションがスムーズに行われます。その際，分からないことがあれば，話し手に聞き返したり，質問したりすることができるように指導しておくことが大切です。メモを取るのであれば，基本的には聞き終わってから行うようにします。

ただし，ディベートのように，一定の長さの議論を整理しながら聞く必要がある活動では，各議論の流れを追うことができるようなフローシートを用意し，聞きながら発話の要点を端的に書き

込んでいくことが重要になります。

　いずれにしても，相手の発話を聞いた後に，その内容を口頭で要約するといった活動を普段から入れることによって，話し手は聞き手が理解できるように話すこと，聞き手は話し手の発話内容を的確に把握することがグループ・ワークではすべての基本になることを常に意識させるようにしましょう。

7. グループ・ワークに関するその他の注意点

　上記のことに加えて，グループ・ワークを行うにあたっては，次のような点にも気をつける必要があります。

　□ グループの人数は4人程度を基本とする。
　　☞ 人数が多くなればなるほど，活動が停滞しがちになります。できるだけ少人数で構成し，各生徒が英語を話したり聞いたりする時間を十分確保できるようにします。

　□ グループのメンバーを固定化しない。
　　☞ 気心の知れた仲間同士でグループを構成するのも一つの方法ではありますが，どのような人たちとも協力しながら活動していくことができる雰囲気作りが大切です。基本的には，活動ごとに新たなメンバーとグループを組むようにしたいものです。

　□ グループ・ワークを日常化する。
　　☞ グループでの活動を特別な位置付けとせず，日々の授業にできるだけ多く取り入れていくことが重要です。その

ため，単元ごとに大掛かりなグループ・ワークを一つではなく，各授業のどこでグループ・ワークを入れることがコミュニケーション能力育成のために効果的であるかを考えるようにします。

8. 他教科・科目の授業とともにグループ・ワークを推進する

　今回改訂された学習指導要領では，思考力，判断力，表現力等を育成する観点から，基礎的・基本的な知識及び技能の活用を図る学習活動を重視するとともに，言語環境を整え，言語活動の充実を図ることが求められています。そのための活動形態としてグループ・ワークは効果的ですが，これを外国語科だけでカバーすることには無理があります。言語に関する能力を育成する中核的な役割を果たす国語科を中心として，各教科等において言語活動を充実させる必要があります。複数の相手と言語を通して協同で活動していくことに不慣れな場合，グループ内で普段とは異なる緊張感が生まれたり，具体的にどのような方法で動いたらいいかについて戸惑ったりすることがあります。各教科等において日常的にグループ・ワークが取り入れられていれば，英語の授業でのグループ・ワークに対する抵抗感が軽減されます。言語活動の充実については，校長のリーダーシップのもとに教科等の枠を越えて全職員で校内研修を行い，教員集団が学び合う体制を作るようにしたいものです。

（向後秀明）

19

Q 授業にコミュニケーションゲームを取り入れており，生徒が教室内を楽しく歩き回って会話をしていますが，ゲームでの勝ちを意識するあまり，ターゲットの表現を避ける生徒が1割くらい存在します。どうしたらよいでしょうか。

A 児童・生徒が教室内を歩きまわり，英語でやりとり等をする「コミュニケーションゲーム」は英語を通じてコミュニケーションを図る態度や英語力を育成する有効な手法の一つで，小・中学校で実施をされている先生方が多いようです。たとえば，want to（不定詞の名詞用法）がターゲットとなる授業で児童・生徒がペアになって "Where do you want to go?" "I want to go to France." のようなやりとりをする活動がそれです。しかし，そのような場面で "Where?" "France." だけでやりとりを終わらせてしまう例を私自身も何度か目にしたことがあります。真面目に取り組んでいる児童・生徒の中には「ズルいなぁ」と感じる子がいるかもしれませんし，何より，「want to を使う・練習する」という目的を達成していません。

この原因として「勝ち負けを意識しすぎる」「事前の練習が不十分」の2点が考えられます。

まず「勝ち負けを意識しすぎる」ですが，もしゲームのルールが「より多くの児童・生徒とやりとりをしたほうが勝ち」であれ

ば，児童・生徒はできるだけ多くの仲間とやりとりをしたいと思うでしょう。必要最小限のやりとりで済ませるには，"Where?" "France."のほうが効率的ですから，この行動は理解できます。情報収集の効率性という観点から考えれば，むしろ理にかなっています。

対策としては，「あまり勝負を煽らない」ことです。ゲームですからある程度の勝負は必要ですし，それに対して「がんばれ」と言っても良いでしょう。しかし，児童・生徒が英語を使うことよりも勝ちを意識するような雰囲気では，上記のような行動をする児童・生徒が出てきます。また，ゲームの目的を事前にしっかりと伝え，「"Where?" "France."ではダメだよ」と念を押しておくだけでも改善が期待できます。

次に「事前の練習が不十分」です。きちんと参加したいと思いながらも事前の練習時間が十分に確保されなかったために"Where?"や"France."しか出てこない児童・生徒もいるでしょう。おそらく，先ほどの理由よりもこちらの理由で英語のやりとりが短くなっている例のほうが多いと推測されます。コミュニケーションゲームは英語でのやりとり自体も目的ですが，目的表現の練習の場でもあります。ゲームは楽しんだが，その表現は十分に使わなかった，身につかなかった，では本末転倒です。対策としては，ゲーム実施前に十分な練習を行うことが重要です。

これらを踏まえて，以下の手順はいかがでしょうか。

1) ゲームの説明： できれば英語で行いたいところですが，ルール説明に時間を要する場合は日本語で簡潔に行い，ゲームそのものにかける時間を増やすほうが良いでしょう。
2) 例示： ティームティーチングであれば2人の教員で行うことができますが，1人でも，児童・生徒に手伝ってもらうことが可能です。
3) 練習： ターゲットの英文を中心にゲームで生徒が使う表現をしっかり練習します。全体練習や個人練習をバランスよく取り入れる工夫も必要です。もし間違った英語を発している児童・生徒がいれば，この段階で直してあげる必要があります。
4) 事前確認： 児童・生徒から数組を指名して他の児童・生徒の前で練習をさせます。これにより，教師は児童・生徒が間違えそうなところを見つけることができますし，ほかの児童・生徒にとっては，やるべきこと，やってはいけないことが明確になり，活動そのものがよりスムーズになるでしょう。
5) 実施： できるかぎり教師は児童・生徒と一緒に活動せず，児童・生徒がターゲットの英語を使って活動ができているかどうかを「モニター」します。うまくいっていないようであればゲームを中断し，もう一度全体で練習してから再開します。

6) 発表： 再び児童・生徒数組を指名し，ほかの児童・生徒の前で発表させます。この時に大切なことは教師が正確な「フィードバック」を行うことです。間違いがあればクラス全員でもう一度練習をし，この活動を終えます。

　また，別の手順として，練習を早めに切り上げてすぐに実施に移るという方法もあります。当然多くの児童・生徒はうまくできません。そこで，30秒から1分経ったところで一度止めます。そして本格的な練習に入ります。児童・生徒は，なぜ練習が必要なのかが明確になっているので，より練習に力が入り，練習の効果が大きくなるでしょう。「練習→実施」だけではなく，時には「実施→練習→実施」という手順も効果的です。

　活動のタスクそのものに工夫を加えることも可能です。上述の want to の活動は want to を使わなくても成立が可能ですが，活動のターゲットとなる項目が活動の成否に直接かかわるタスクを設定することができます。たとえば，上述の want to であれば，否定の don't want to が使えるようになったところでこの活動を実施します。ペアの片方が "France." と言い，それに対し相手が自分が行きたい（I want to go to France.）・行きたくない（I don't want to go to France.）のいずれかを選択して答えるという設定なら，want to を使わなければならない状況になります。

　大切なことは，活動を行う前と後で児童・生徒に伸びや変化が

あるかどうかという点です。もちろん，コミュニケーションを図ろうとする態度や英語力が一つの活動で大きく伸びることはまれですが，少しでも進歩がなければ活動を実施する意味がありません。

　ここで，小学校での外国語活動における「練習」の意味を確認しておきたいと思います。小学校外国語活動の場合，練習をどの程度取り入れるべきかという問題があります。過度の負担となる反復練習は避けるべきだということがよく言われていますが，「過度」とはどのくらいの状況が想定されているのでしょうか。さまざまな意見があると思われますが，私は「児童が活動を楽しむための練習は過度ではない」と考えます。

　児童がコミュニケーション活動を「楽しい」と感じるパターンには，少なくとも，その活動が「ゲーム」として楽しいと感じる場合と，難しい表現でも頑張ってうまくできた，という「達成感」を得ることで楽しいと感じる場合の二つが考えられます。前者の場合，レクリエーション的な活動になってしまい，外国語活動の目的の一つである「言語を用いてコミュニケーションを図ることの大切さを知ること」（小学校学習指導要領「外国語活動」編「第2内容」の「1」(3)）の「言語」の部分がおろそかになってしまいます。外国語活動で目指すべき楽しさは前者のようなゲーム的な楽しさではなく，後者のような達成感による楽しさです。「できた！」という気持ちを持たせてあげることが必要で，そのためには練習が不可欠です。十分な練習をせずに「細かいことを気にしないで

自由にやってごらん！」というのは，一見児童の自主性を尊重しているように見えますが，英語で友だちとやりとりをしたいという児童の気持ちに十分に応えているとはいえません。

　小学校の外国語活動が中学校の英語と大きく異なる点は英語（外国語）そのものの「定着が目標ではない」という点です。ゆえに，定着を目指した練習は過度の負担になる練習とみなしてよいでしょう。しかし，授業で実施するコミュニケーション活動等を児童自身が満足できるレベルに到達させるには練習が不可欠であり，過度とはいえません。

　コミュニケーションゲームが中途半端な「体験」だけで終わらないよう，段階を踏みながら，「練習」と関連させることが児童・生徒の積極的参加を生み出すことにつながるでしょう。

（及川　賢）

20

Q 中学校の教科書が厚くなったのですが，最後まで教え切ることができるのでしょうか。

A **1. はじめに**

「中学校学習指導要領」の「外国語科」の「目標」の解説に，「今回の改訂により，小学校に外国語活動が導入され，特に音声面を中心として外国語を用いたコミュニケーション能力の素地が育成されることになった。このため，中学校段階では，『聞くこと』，『話すこと』に加え，『読むこと』，『書くこと』を明示することで，小学校における外国語活動ではぐくまれた素地の上に，これら四つの技能をバランスよく育成することの必要性を強調したわけである」(『中学校学習指導要領解説 外国語編（以下,『解説』)』p. 7) とあります。これが大前提となります。

2. 「なぜ教科書が分厚くなったのか」

まず「なぜ教科書が分厚くなったのか」，考えてみましょう。大きく二つの理由があります。一つは「授業時数の増加」です。今回の改訂で，全学年で週当り4時間になりました。これは中学校で教えられている他のどの教科よりも多い時数です。時間数が増えれば，当然教えるべき教材量が増えることになります。もう一つは，上述のように「音声面を中心として外国語を用いたコ

ミュニケーション能力の素地」を育成する小学校外国語活動の開始を受けて、「読むこと」、「書くこと」の指導の充実が図られたことです。文字を扱う言語活動が増えれば、主たる教材である教科書のページ数も増えます。

　では、もう少し具体的に、詳しくみていくことにします。『解説』には「『外国語科改訂の趣旨』として以下の四つが掲げられています。(1)『聞くこと』や『読むこと』を通じて得た知識等について、(中略)『話すこと』や『書くこと』を通じて発信することが可能となるよう、4技能を総合的に育成する指導を充実する。(2) 指導に用いられる教材の題材や内容については、(中略) 4技能を総合的に育成するための<u>活動</u>に資するものとなるよう改善を図る。(3) 4技能の総合的な指導を通して、これらの4技能を統合的に活用できるコミュニケーション能力を育成をするとともに、その基礎となる文法をコミュニケーションを支えるものとしてとらえ、<u>文法指導を言語活動と一体的に行う</u>よう改善を図る。また、コミュニケーションを内容的に充実したものとすることができるよう、指導すべき語彙を充実する。」とあります。(pp. 2-3、下線は筆者) ここに述べられているように、今回の学習指導要領では4技能を総合的、統合的に指導することも求められていることも要因となっています。ゆえにそうした活動を扱うページも必要となったわけです。(なお、教科書は「学習指導要領」を踏まえた「教科用図書検定基準」にもとづいて作られています。) さらに言語材料のうち文法事項には大きな変化はありませんが、「指導す

べき語彙を拡充する」とあるように，指導すべき単語数が1200語程度となりました。実際の教科書は1500語前後になっています。（ある調査では旧版に比べ約2倍になった教科書もあります。）

3.「どのように教科書を扱ったらよいのでしょうか」

 それではどうしたらよいでしょうか。ほかの教科を考えてみてください。国語の教師は教科書を最初から最後まで生徒に読ませていますか。音楽の教科書に載っている曲がすべて音楽の時間に歌われていますか。年度初に形だけの「年間指導計画」を作りませんでしたか。「年間指導計画」は実際に教える生徒の実態に合わせて考えるべきものです。そのためには，最初に使用する教科書（当該学年だけでなく1年生から3年生まで3冊）を初めから最後まで目を通してください。その上で「生徒にどのような英語力をつけさせたいのか」を踏まえて，「到達目標」を立てます。卒業までの3年間，各学年の1年間，各学期と分けて考えます。定期テストごとに考えてもよいでしょう。その際，段階的な指導，4技能のバランスなどを考慮することも大切です。学習指導要領では年間140時間が標準とされていますが，学校行事などで実際に可能であるのかどうかも確認します。その上で，再度教科書を検討します。「軽重」をつける必要が出てくるはずです。検定教科書では足りないと判断すれば，ほかの教材の使用，自主プリントの作成なども考えていくことになります。そうすると必然的に扱わないページもあるはずです。また，「1パートを2時間で」

のような機械的にどのページにも同じ時間をかけることがないような工夫が重要です。なお，教えながら当然，途中で修正も必要となってくることもあります。高等学校でも教科書の扱いに関しては基本的には同じ考え方でよいと思います。

各学校で「CAN-DO リスト」の作成も求められている昨今，「教科書を教えるのか」，「教科書で教えるのか」，古くて新しい課題ですが，限られた授業時間数が無駄にならないように，各教師の力量が問われているのです。経験の少ない人には厳しいかもしれませんが，今からでも自主修正を加えてください。遅くはありません。

なお，2023年3月に文部科学省から出た『各中・高等学校の外国語教育における「CAN-DO リスト」の形での学習到達目標設定のための手引き』や本多敏幸氏の著書（語学教育研究所から2003年に「外国語教育研究奨励賞」を受賞）を参考にしてください。

4. おわりに

なお，紙幅の関係で詳しく触れることができませんが，「3　指導計画の作成と内容の取扱い」に「(1) カ　辞書の使い方に慣れ，活用できるようにすること。」があり，「辞書の使い方に慣れさせるためには，生徒が適宜辞書を繰り返し使用し，調べたい単語を辞書を使って自由に調べるということを普段から行わせる必要がある」（『解説』pp. 49-50）とあることも，「教科書が厚くなった」一因であると考えられます。

（田島久士）

21

Q 授業改善に取り組もうと思っていますが、なかなか踏ん切りがつきません。どうしたらよいでしょうか。

A まずは、「自分の授業を改善したい。」という強い気持ちを持つことが大切です。人間は弱いですから、どうしても途中でめげたり、あきらめたりすることがあります。そんな時こそ、「授業を改善したい。」という初心に返りましょう。

1. 自分の授業を振り返る

まずは、自分の授業を振り返ることから始めましょう。毎日の授業指導計画はきちんと立てていますか。研究授業用の学習指導案ではありませんので、日ごろの授業指導計画については、細かい形式にこだわることはありません。その授業の目的やねらい、指導手順、板書計画、評価など、必要なことを整理して書きましょう。生徒にプリントを綴じて保管するように指導している先生方も多いはずです。毎日の授業指導計画も同様に、綴じて保管しましょう。後々の指導に大いに役立つはずです。

自分の授業を客観的に振り返るには、ビデオに撮り、あとでじっくりと観察するのがよいでしょう。授業を観察する視点はいくつもあります。できるだけ視点を限定して、振り返るようにしましょう。たとえば、今日は、自分が話している英語について、

その発音の正確さや話す速度，分かりやすさを見直す。その次の授業では，自分の動作について見直す，といったようにするのです。

ここで，最近の授業を見て，気になる点についてお話しします。それは，「教師の動作」です。一つの例ですが，板書する際に，生徒に背を向けている教師をよく見かけます。これでは，生徒のことを観察することができません。「板書のときは，黒板と平行に体をひらき，教師の顔が生徒から見えるようにする」という動作は，基本中の基本の「教師の動作」といってもよいのに，このことを指摘する人はあまりいません。「教師の動作」一つをとっても，授業改善のポイントは数多くあります。

もちろん自分だけでは気づかないこともあります。ですから，ほかの先生に，授業を見てもらうようにしましょう。かつて，ある雑誌で，「給料日には公開授業をしています。」という実践が紹介されていました。私もこの実践を真似て，給料日に授業を公開したことがあります。同じ教科の先生方に簡単なお知らせをお渡しし，指導案を用意したうえで，授業を見ていただきました。授業後には，コメントをしていただきました。自分では気づかなかったことをたくさん発見することができましたし，授業改善のヒントもたくさん頂戴することができました。

2. モデルになるような授業を観察する

自分の授業を客観的に振り返ることができるようになったら，

優れた授業をたくさん観察することも大切です。いわゆる「授業の達人」と呼ばれるような先生の授業からは，多くのことを学ぶことができるはずです。自分の勤務校に「達人」がいれば幸いですが，外部の研究会などに参加すれば，いくらでも「素晴らしい」授業を見ることができます。

　しかし，注意も必要です。そんな素晴らしい授業を「表面的に」真似ただけではだめです。「なぜこの方法で，生徒に口頭練習させるのか」，「この段階まで生徒に文字を提示しないのはなぜか」，など，指導手順や指導技術への理論的な裏づけを知る必要があります。ですから，単に授業を見るだけではなく，授業者（または解説者）から，授業のポイントなどを聞きながら授業研究ができるような研究会に参加するとよいでしょう。そのような授業研究も，日本各地で数多く開催されています。

3. 外部の研究会に参加する

　2節の最後で述べたように，世間には，たくさんの「英語教育団体」があります。長期休業中のみならず，週末には，あちこちで講習会や勉強会が開催されています。費用はかかりますが，そのような機会を利用するのもよい刺激になるはずです。

　外部の研究会などに参加することで，自分の学校以外の「仲間」を作ることができます。また，異校種の先生方と知り合うこともできます。そういったネットワークも，授業改善には大いに役立つはずです。

4.「勉強」を続ける

　大学のある授業で,「教師こそ勉強が必要だ。だから,もし教師になったら,毎月の給料の一割は書籍代にすべきだ。その覚悟がない者は教師になるべきではない。」と,お話をされた先生がいらっしゃいました。

　私自身は,この「苦言」を実行することはできていません。しかし,毎月英語教育雑誌を,そしてできるだけ多くの専門書を読むようにしています。また,いろいろな研修会や勉強会に出かけ,「勉強」を続けているつもりです。

　最後に,A. S. Hornby (1937: 9) のスピーチ原稿の一部を紹介します。これを読めば,きっと,授業改善への第一歩を踏み出せるはずです。

If you don't use the new methods during the beginning stage, it isn't because you *can't* but because you *won't*.

(松本剛明)

第Ⅳ部

小学校英語の活動

22

Q 授業の中で，どのような点に注意して英語を聞かせていったらよいでしょうか。

A 小学生の英語学習はまず聞くことから始まります。子どもには耳からの良質なインプットをたくさん与えることで，少しずつ子どもからのアウトプットが期待されると考えています。ネイティブスピーカー (以後 NS) は英語を母語にしている方々なので，英語の accuracy や fluency には問題がないかもしれませんけれども，モデルレッスンと称される授業に登場する NS の英語の音が必ずしも小学生に聞かせたい音の流れになっているとは言えません。"I, like, bananas." と，ゆっくり単語を一つずつ区切るようにして話したり，"What, do, you, like?" と必要以上に丁寧に発音してしまうこともあります。NS が子どもたちによく分かるよう，再生しやすいように気を遣っているのでしょうけれども，かえって，子どもにとって弊害になる可能性があります。子どもが真似をして，一つ一つの単語をはっきり発音しなくてはと思えば思うほど，リズム・イントネーションが崩れていきます。では，どのような音を聞かせることが望まれるのでしょうか。

1. 英語のリズム・イントネーションを大切に

　子どもはことばを音の塊，chunk としてとらえるのが上手で

す。先ほどの NS の例で言えば，I like bananas. のようにくっつけて一つの chunk として指導者が言ってくれるほうが子どもには分かりやすく，真似しやすいように思われます。"Do you like sports?" "Can you swim?" というようにナチュラルスピードで話しても子どもは「何て言ったの？ もっとゆっくり言って。」とは言いません。むしろ「もう一度言って。」と言うことが多いのです。大人は文字が頭に浮かぶので，つい単語を一つずつ言ってあげることが親切で分かりやすいだろうと思いがちですが，英語のリズム・イントネーションを壊さずに，chunk で与えられたほうが子どもには受け入れやすいのです。単語と単語の liaison なども子どもは自然に身につけてしまいます。これこそ小学生の間に身につけさせたい英語らしい音だと思います。指導者は子どもがすでに持っている語彙を用いながら，teacher talk を組み立てます。子どもは分かっていることばを頼りに意味を類推し，やりとりに参加し，その中で，「英語が分かった，答えられた。」という経験を増やしていきます。

2. 気持ちをこめてやりとりする

指導者は子どもに言わせるために英語のインプットを与えているわけではありません。ことばを使って内容を伝えるために英語を使っているのです。そのためには声の大きさ，自然で明瞭な発音，正しいリズム・イントネーションで発話することが大切です。どのように語りかけるかにも注意が必要です。一本調子で無

表情に "I am thirsty. I want some water." と言われても誰も「水をあげなくては。」と思ってくれないでしょう。また，詰問調に "Do you have a pet?" と尋ねられても答える気持ちにならないでしょう。相手に伝えたい，相手のことを知りたい，という気持ちが伝わるような言い方をすれば，子どもも言わされるのではなく，「自分のことも言ってみようかな。」という気持ちになります。子どもの気持ちに訴えかける言い方を常に意識して語りかけることが大事です。

3. 子どもに聞かせたい音，聞かせたくない音

音を聞き分けたり，真似をするのが上手な子どもたちにあまり聞かせたくない音もあります。よく扱う数字の言い方を例にとってみましょう。Twenty, thirty, forty, seventy, eighty, ninety などのように -ty の /t/ の音を /n/ や /d/ の音で置き換えて発音してしまうことがあります。特に twenty-one, twenty-two, twenty-three … と順番に数えているときに音があいまいになってしまいます。子どもに初期段階で聞かせる音としてはリズム・イントネーションを崩さないように気を配り，綴りを意識しながら発音をするように心がけたいものです。子どもたちが音で聞いていたものを文字で目にするようになった時に，このような音の入れ方が文字と音を結び付けやすくするでしょう。

また，口語的によく使われる英語表現で子どもたちに聞かせたくないものがあります。"Are you gonna play soccer today?" と

"Do you wanna go swimming this afternoon?" など頻繁に使われる表現ですけれども，初めて聞かせる音としては "Are you going to play soccer today?" や "Do you want to go swimming this afternoon?" のほうが好ましいでしょう。それは子どもたちが中学の教科書で目にするのが gonna や wanna ではなく，going to や want to だからです。NS はごく自然に I'm gonna …. や I wanna …. を無意識に使いますが，子どもに初めにインプットする表現という意味では，後々の英語学習のために好ましい表現を使いたいと思います。

4. 教材の活用

　子どもたちに英語らしい音を聞かせ，できるだけ良いインプットを与えたいと誰もが考えています。そのためには，良い視聴覚教材の活用も有効です。子どもには普段聞いている英語とは一味違い，新鮮に聞こえるようで，一生懸命に聞き取ろうとしてくれます。大人が「これは速すぎてわからないのでは …」と心配せず，積極的に聞かせることが子どもの学びに沿った英語の聞かせ方になると思います。指導者にも英語らしい音声に触れる機会となり，英語のブラッシュアップになります。

　authentic な英語の音の流れを歌やライムを使って子どもたちに触れさせることは有効です。メロディとリズムの中に英語表現が収まっているので，子どもは自然に文の構成を経験することができます。Polly Put the Kettle On, Baa Baa Black Sheep, Mary

Had a Little Lamb, One Two Three Four Five や Are You Sleeping などが良い例です。

　1830 年にサラ・ヘイルが雑誌に載せた Mary Had a Little Lamb（三省堂編修所（編））の歌詞は，

> Mary had a little lamb,
> Little lamb, little lamb,
> Mary had a little lamb,
> Its fleece was white as snow.
>
> And everywhere that Mary went,
> Mary went, Mary went,
> Everywhere that Mary went,
> The lamb was sure to go.

というふうに，お話になっていて，まだまだ続きがあります。繰り返しが多く，きちんとした文で構成されています。子どもたちは音の面白さや繰り返し出てくることばに注意を向け，身体でリズムを感じ，イントネーションから真似を始めます。徐々に言える部分が増えていき，英語らしい音で再生できるようになります。

　NHK の「えいごリアン 2000・2001 年度版」の DVD は子どもたちが大好きな映像のロングセラーです。ターゲットとなる表現が様々な場面で繰り返し使われています。子どもたちは食い入

るように画面を見て，何回も耳にした表現を口の中で小さな声で言ってみています。指導者のあとについて言うよう指示しなくても面白いと思ったら子どもは自然に自分でも言ってみようとします。自然な言語習得を促してくれる視聴覚教材を選ぶには子どもたちの反応をよく観察することが大切です。小学生を教える指導者としてそのような良い教材を選択する目を養いたいものです。

　子どもが思わず真似をしたくなるような音とはどのようなものか，さらにどのような英語を聞かせることが言語の習得を促すのか研究していきたいと考えています。子どもに聞かせたい英語の音声，そして真似してほしい英語の音声を検討しながら，子どもたちが送ってくるサインを見逃さないように努めたいものです。

（海崎百合子）

23

Q 外国語活動ではゲームをしなければならないのでしょうか。

A 学生さんからいただいた質問です。「... フルーツバスケットは"言語"を学ぶアクティビティになりうるのでしょうか？ 高校生のときに小学校の英語の授業を拝見できる機会があったのですが，そのときの児童の様子がつまらない上に何も身についてないと思えたのですが ...。」とのことです。

似たような光景を目の当たりにし，どうしたらもっと楽しくゲームができるだろうと考えた方もおられるかもしれません。本稿では，小学校外国語活動におけるゲームのあり方について考えたいと思います。

1. ゲームを多用するとどうなるでしょうか

本来，何か情報を伝え合うために使われるはずの言葉なのに，ゲームに勝つことのためにしか言葉を使わないという状況に陥ります。

ある授業で，お誕生月を扱っていました。子どもたちはビンゴシートを配られ，12までの数字と，12までの中の好きな数字四つを書き込みます。先生の合図で子どもたちは声をそろえて"When is your birthday?"と訊きます。先生はカードを1枚引

いて，"My birthday is in March."とカードに書かれている月を答えます。子どもたちはビンゴシートの「3」を消します。子どもたちは引き続き先生に質問し続け，先生は次々に違う月を答えます。子どもたちはどんどん数を消していき，早くビンゴになった人が勝ちです。活動の締めくくりとして，いくつにビンゴになったか先生が訊き，一番たくさんビンゴがある子がチャンピオンとして喝采を浴びます。

こうした活動は「何回も"When is your birthday?"と訊くことができ，また，ゲームのために一生懸命聴くことができる」という大義名分の下，訊く必然性・言う必然性のある活動，と言われたりします。いかがでしょうか？ 何かおかしいな，と思うことはないでしょうか？

この授業を振り返ったときに児童は何が印象に残っているでしょうか？ 先生のお誕生月を覚えている子はいるでしょうか？ 先生は1年の中で12回お誕生日があることになりますので，覚えているはずがありません。子どもたちは，ビンゴをやったことはよく覚えているでしょうが，「先生はお父さんを同じ月の生まれだ」とか「私は夏に生まれたけど，先生は冬なんだな」というような，言葉に由来する感想をもてるとは思えません。

これがコミュニケーション能力の素地といえるのか，襟を正して考える必要があります。言葉をおもちゃにして遊ぶ経験しかしていない子どもたちがどんな言語感を持つようになるか，考えたいと思います。

二つ目の問題は，発話の強要です。

　ゲームに参加するためには，多くの場合，規定の表現を言うことが要求されます。先生は子どもたちみんなにゲームを楽しんでほしいので，ゲームという人参をぶら下げて，何とか子どもたちが英語を話せるように導こうとします。しかしこれもまた多くの場合，言わせる前に十分に聴かせていないので，英語教室に通っている子どもたちのようには自信を持って発話することができないことが往々にして起こります。楽しんでほしいはずのゲームが，英語が十分言えなかったという面では，惨めな思いをする要因になっているかもしれません。ゲームのために子どもの自然な学びがゆがめられてはいないでしょうか。記憶力と戦いながら，必死に音声を再生し終わって安堵の深いため息をついている子どもの心の中を想像する力を持っていたいものです。

　三つ目の問題点はスピードにまつわるものです。

　ゲームの中には，スピードを競うものがあります。そうしたゲームを行うと，子どもたちは自分がのろのろしているせいでチームが負けるという事態を避けるために，心のこもらない乱暴な言葉遣いをせざるを得ません。学級経営の中でていねいな言葉遣いを指導しているのに，外国語活動になると乱暴な言葉遣いをするよう，子どもを導いていることになります。言葉を大切にするという観点からも，考える必要があるのではないでしょうか。

　こうした問題点に晒せれた子どもたちは，どのような言語観を持って中学に進学するでしょうか。

外国語活動に関するアンケートを実施している先生方が，子どもたちは外国語活動を「楽しい」と感じているが，何が楽しいか訊くと「ゲーム」という回答が圧倒的に多く，コミュニケーション自体を楽しんでいないと異口同音におっしゃいます。

ある授業で好きな色を聞き合うフルーツバスケット（カラーバスケットと言うのでしょうか）を行っていました。子どもたちは先生から順に Red, blue, green, yellow …. と一つの色を与えられます。先生の合図でいすに座っている子たちが真ん中にいる子に向かって "What color do you like?" と訊くと，真ん中の子は "(I like) blue." などと答え，青の子たちが席を代わるというおなじみのゲームです。はじめのうちはみんな誠実に自分の好きな色を答えていたのですが，ある子が "Rainbow!" と答えて全員で席を代わって以降，真ん中に来た子はみんな "Rainbow!" と答え，ただただ全員で席を代わってキャーキャー大騒ぎをすることが目的になっていきました。そうなると，本当に好きな色を答える子は，空気を読めない顰蹙者扱いです。子どもたちは何を楽しんでいるのか，火をみるより明らかです。

このような言語経験ばかりしてきた子は，中学の英語の授業に大きな戸惑いを覚えるのではないでしょうか。そして「先生，ゲームしないの？」と素朴に訊くのではないでしょうか。

2. ゲームは一切やらないほうがいいのでしょうか

親と子が親密に言葉を使いあってきたような幸せな出会いを，

そのまま教室で再現するのは不可能です。そうした限界の中で，ゲーム的な要素を取り入れることは活動の幅を持たせる強い味方になります。

　ゲームのためのゲームと，言葉を使いあう枠組みとしてのゲームの違いを認識して活動を組み立てるとゲーム三昧(ざんまい)な授業から脱却できると思います。

　たとえば「夢の給食ゲーム」という活動があります。黒板にたくさんの食べ物の絵カードを貼っておき，真ん中にはお盆の絵を描きます。夢の給食に入れたい食べ物をどんどん言っていくのですが，お盆には大きさの限界がありますので，いつも一定量のお皿しかのせることができません。どんどん絵カードを貼りかえながら，今お盆の上にある食べ物を確認したり，お盆の上にない食べ物を確認したりする，というただそれだけの活動です。誰も勝たず，誰も負けず，どこにもボーナスポイントも何もありません。

　活動の締めくくりには，誰がいくつビンゴになったかとか，カードが多いのは誰というようなゲームの結末を確認するようなことはしません（しようにもできないのですが）。一番人気があった食べ物は何か，とか，ごり押しでもう一つだけ追加するなら何がいいか，というような，その日の内容に関わる話題で活動を締めくくります。

　お仕着せでない本心からのやりとりなので，子どもたちはいきいきと言葉を使うことを経験できます。ゲームのためでなく，言

葉そのものを味わいながら活動に参加できるのです。

　今，自分がやろうとしている活動が，ゲームのためのゲームに陥っているかどうか見分けるために，「この活動は他の題材でもできるか」考えてみましょう。動物でも色でも数字でもできるキーワードゲームやビンゴなどの「便利なゲーム」は，本当の意味で言葉を使いあう活動になっていません。動物の語彙を本気で使いたいなら，動物園を作る活動や絶滅危惧種を話題にした活動になるでしょう。色を使った活動なら，クラスの旗をデザインしたり，校長先生に贈るカードの色を扱ったりするでしょう。これらの活動で使われる語彙とキーワードゲームやビンゴで使われる語彙の情報量の違いをイメージしていただけるでしょうか。単なるゲームの「コマ」としての言葉と，ある文脈の中で意味を持っている取り替え不能な言葉。どちらをご自分のクラスの子どもたちに経験させるかは，先生が決めることです。

3.　まとめ

　本来，子どもは「言葉と立ち向かう力」を持っているのですが，大人の不安が先に立って，不必要に表面的な楽しさを追求しているような気がしてなりません。子どもの学習能力の特徴を理解し，豊かな言語経験を保証したいものです。

（粕谷恭子）

24

Q 子どもが英語を使いたくなるようにするためには，どんな点に気をつけて指導するといいでしょうか。

A ### 1. 子どもは英語を使いたがっている

　子どもたちのおしゃべりを聞いていると，いろいろなところで英語を使っています。「ハーイ」「サンキュー」「ワンツースリー」「ラッキー」「レッツゴー」「グッバイ」「ソーリー」「ノー」などは，英語を使っているという気分でもなく，友だちと共有するコトバとして，自然に口からほとばしり出ているようです。

　加えて，彼らの日常生活の中に深く滲透しているカタカナ語の多くは，英語に由来するものが多く，「イヌ」とは言っても犬の餌はドッグフード，野球をしていてもその道具もポジションもほとんどカタカナ語です。色・数・形に関係する単語，サイズや形状などの形容詞，動作を伴う動詞，果物や野菜や料理に関連する食品類，食器類，文房具，楽器，衣服，道具や家具，動物，乗り物，スポーツ，職業，街の施設や建造物，IT 関係などのカタカナ語の中で，各々のジャンルに5個から10個の単語を知っているとすれば，軽く1500個を越えます。

　馴染みのなさそうな家具を例にとってみても，table, desk, chair, cushion, bed, carpet, door, window, curtain, key, stove, hose などの単語が英語らしい音で聞こえてくると，すぐにその

ものを思い浮かべることができます。

　このように子どもがすでに知っている単語を使いながら英語で話しかけると，英語との初めての出会いの場でも，"Close the door, please." と言えば，close が分からなくても開いているドアを見て，誰かが立ち上がりドアを閉めようとします。そして，"Thank you." と声をかければにっこり笑顔を見せてくれます。

　What is your favorite TV program? と尋ねると，TV program を聞き取って，好きなテレビ番組を思い出して，タイトルを答えようとします。このように聞こえたらすぐにイメージできる単語を使って語りかければ，英語での問いかけに慣れて聞き取ろうとし，思わず英語で答えたい，という気持ちになってしまいます。その子どもの心の動きを梃子(てこ)にして，授業を進めていきます。

2. 子どもから情報を得たい，だから問いかける，その時に，英語を使うと，思わず英語で答えてしまう

　英語を教えたいから質問文を聞かせるのではなく，子どもから教えてもらいたいことがあるから問いかける，これが子どもと英語を使い合う基本です。今日のレッスンで教える予定の英文を言わせようとして，意図的に聞かせるのではなく，指導者が伝えたいことを英語で語りかけ，子どもからもっと情報を教えてほしいから英語で尋ねる，という姿勢が大切です。

　同じ文型の英文を子どもの知っている単語を使って言い換えながら話しかけ，問いかけてみましょう。たとえば，It is red. It is small. It is juicy, It is sweet. It is a fruit. It is not an apple. It is not round. 新しい情報を伝える部分の内容語を聞き取って，何が話題になっているのか気づき，子どもは「Strawberry!」と答えたくなってしまいます。とっさに英語を思いつかなくても，黙っていられなくて「イチゴ！」と日本語で答えてしまいます。その時には，Yes, it is a strawberry. と応じます。子どもが「答えたい！」という衝動に駆られるように話しかけ，問いかけて，いつの間にか英語を使わせてしまうのです。

　両手をポケットに突っ込みながら I have two pockets. と話しかけると，子どもも自分のポケットを触り始めます。もう一度 I have two pockets. と言って聞かせると，One. とか Two. という答えが返ってきます。子どもは日本語を介することなく，英語を使ってしまうのです。そして，ポケットを数え合いながら，You have four pockets. I have six pockets. と伝え合う間に，I have 〜. という言い方に慣れてしまいます。

　I live in Naka-machi. Do you live in Naka-machi? と問いかければ，中町に住んでいる子は黙ってうなずくでしょう。でも北町に住んでいる子は，グッと乗り出して，No. Kita-machi! と教えてくれます。この時の No. はとてもはっきりした発音になります。そして同じ北町に住んでいる子どもに Do you live in Kita-machi? と尋ねると，ゆっくり Yes. と答えますが，先ほどの No. ほどの勢いはないのが普通です。こうして I live in 〜. が言えるようになります。

遠足の集合時間がいつもの登校時間より 30 分早いとき，What time do you get up? Do you get up at six? と問いかけると，遅れないように真剣に考え始めます。時間を正確に言いたくなれば，数字の言い方を覚えたくなり，相手に正確な時間を伝えられると満足します。そして，友だちに尋ねたくなれば，What time do you get up? と真顔で質問します。そのためには早く寝なくてはなりませんから，What time do you go to bed? となります。

　遠足の時にリュックサックに詰めるおやつの話も盛り上がります。I like chocolate. Do you like potato chips? 好きなものについて話し合っていると，欲しいものへと発展し，I want an orange. Do you want a banana? と like や want で表現することに慣れていきます。

　学校で飼育している動物について，We have six rabbits. などと話し合うと，子どもが飼っているペットについて話し合うこともできます。Do you have a pet? Do you have a cat? 子どもたちは賑やかに自分の家のペットについて話し出します。それがカブトムシ beetle だったり，カタツムリ snail だったりすると，英語での言い方が分からなくても黙ってはいられません。I have *kabutomushi*! と叫んでいます。そんなときに，もし電子辞書があれば直ぐに調べて，beetle と教えます。この頃は音声モデルを聞くことができる辞書がありますから，発音も聞かせると便利です。大好きなペットの英語が覚えられて満足げです。

　このように活発に活動が進められるのは，子どもたちがすでに

知っている単語を使っているからです。単語をまず練習してから，教えたい英文の練習をする，という手順を踏まず，いきなり子どもが知っている単語を選んで聞かせていくと，理解が深まり応用力が育ちます。子どもはその英文を真似て，伝えたい内容の単語を自分で探し，入れ替えながら話し始めます。

　日本語で言わなくても分かってしまう，子どもにとって身近な内容を英語で聞かせていると，真似をしたくなり，自分の思いついたことを言いたくなって，自然に英語を使ってしまうのです。

3. 子どもの発話が英語のルールから逸れたときの扱い方

　間違った英語を使わせてはいけない，と躍起になって誤りを修正させるのではなく，正しい英文で言い直して聞かせ，しばらく様子を見ていましょう。母語をカタコト混じりに話し始めた子どもの間違いを，お母さんはすぐに矯正せず，あら，かわいい，と母語のルールから逸れた言い回しを楽しんでいます。英語を使い始めたときも同じで，間違いをピンポイントで矯正して言わせるのではなく，正しい言い方で言い添えると，子どもは気が付いて心の中で繰り返しています。その時に，自己修正が始まります。

　逸脱したアウトプットを受け入れてもらえる環境で，少しルールから逸れた表現でも積極的に発言し続けていると，正しい言い方を耳にするチャンスも増えていきます。自分の発話が修正された正しい英文を聞いて未熟さに気づき，自分で修正した英文で伝えてみたら分かってもらえた，という経験を積んでいくことがで

きます。この成功体験が英語を使いたくなる誘い水となり，英語を使ってみることが面白ければ，使う回数が多くなり自己修正の機会も増えるので，ますます英語を使いなれていきます。

4. 子どもが英語を使いたくなる活動

　子どもが英語を使いたくなるのは，「もっと英語を聞きたくなる」ことから始まります。子どもたちが英語を聞き続けるためには，「え？ ホント？ 続きは，どうなるの？ もっとヒントを頂戴！」という気持ちを起こさせる必要があります。そして，聞こえた英語が分かった時に，子どもの表情が変わり，聞き取れた英語を使って答えようとします。その瞬間に英語を使った，という確かな感触を経験するのです。

　ストーリーの複雑なお話を聞かせる必要はありません。子どもが英語を聞き続けて「分かった！」という気分になる題材は身の回りにたくさんあります。このときに，"英語でやりとりをしている"という気持ちを持続させるためには，子どもの知っている単語を，聞き取りやすいような抑揚をつけて話しかけます。少しずつ情報が増えて，分かっていく感触を大切にし，もっと英語を聞き続けたい，と子どもの心が動きだすように配慮します。

　野菜や果物の形，色，味，旬の季節をヒントにその名前を当てたり，動物の脚の数や大きさや色など体の特徴を聞かせ，聞き取れた内容を総合して判断して当てる活動は，英語を聞かせる量も多く，子どもが「当てたい！」と思うと英語を使ってしまうので，

手軽にできる活動でありながら効果的です。

　英語でのやりとりに慣れてきた段階で，子ども自身が英語で質問をする活動の例を挙げてみましょう。

　　① 先生のお宝グッズで膨らんだ袋の中身を当てる
　　　Do you have a magnet?　Do you have a notebook?
　　② 給食のメニューの中で好きなものを尋ね合う
　　　What do you like?　Do you like curry and rice?
　　　What desert do you like?　Do you like jelly?
　　③ 遠足に何処へ行きたいか尋ねあう
　　　Where do you want to go?
　　　Do you want to go to the zoo?
　　　Do you want to go to Maruyama Park?

5. 英語活動を活発に行うための準備体操

　このような活動の時に負荷がかかりすぎると，英語の音が崩れ，単語をポツポツと並べるだけになってしまうことがあるので，要注意です。体育の準備体操と同じように，授業の初めに英語らしい音の流れが心の中に充満するような準備が必要です。

　子どもたちが楽しめる英語の歌を歌ったり，全員が参加できる簡単なゲーム感覚で英語を使い合う活動が必要です。英語で言える動物や食べ物の名前を順番に言っていく，あるいは月名や曜日名を一つずつ指導者とクラスが交代で言う，などの活動や ABC の歌や Seven Steps のような歌で英語マインドにしておきます。

6. 他教科で学習したことを英語で確かめ合う活動

　高学年の英語活動では，知的な内容について英語で話し合うことも，子どもたちが英語を使おうとする動機づけになります。社会科で学んだばかりの内容を取り上げ，簡単な英語で表現します。

　　Where is Sapporo? It is in Hokkaido.
　　Where is Lake Biwa? It is in Shiga.
　　Which is bigger, Kyushu or Shikoku? Kyushu is bigger.

漢字で表記された動物，たとえば「麒麟」を見せて What is this? と問いかけ，It is "giraffe". と答えるようなやりとりも，自分で考えて英語で発表したくなる題材で，興味をそそるでしょう。

7. 「最初になんて言うんだっけ？」と駆け寄る子ども

　単語だけではなく文で答えたくなった子どもが，突然問いかけてきます。分かっているけれど，えぇと …, という気分なのです。伝えたい名詞の前に何か言うことがある，と気づきはじめた証拠です。そっと完全な文例を囁いてあげると，実はクラス全員が耳をそばだてているので，教室の隅々までその英語が伝わり，皆が文で答えようとします。

　英語活動は「聞く」ことから始まります。言わせようとせず，"伝えたくなる" 気持ちを育てていく指導を心がけたいものです。

（久埜百合）

25

Q 小学校英語活動では，45分の授業をどのように始めたらいいでしょうか。

A 今始まろうとしている英語活動の前には，算数や国語などの授業を受けて頭の中は日本語で一杯になっていたり，音楽で声高らかに歌ったり，体育でたっぷり汗をかいた後だったりするので，気分を日本語から英語活動のムードに切り替えるのは簡単ではありません。いきなり英語を使い始めるには，心理的な抵抗を感じている子どももいるはずです。

英語活動の時間だけクラスに来られる指導者が教壇から Good morning! と声をかければ，それを合図に英語ムードに入れますが，朝からずっと日本語で授業していた担任の先生が，引き続き英語活動も指導されるときに，Good morning! と声を掛けるのはいささか不自然な場合もあるでしょう。そこをスパッと英語モードに切り替える方法を考えてみましょう。

1. 最初のひと声の次に

担任の先生が「さぁ，今度は英語ですよ」Now, let's begin our English lesson! とクラス全体に呼びかけたその後，よく How are you? と問いかけることがありますが，これは挨拶の一部ですから，少々気分がすぐれなくても，普通は Fine, thank you.

And you? と決まり文句で答えるのがよいと思います。儀礼的に過ぎるのではないか，という考えからか，Not bad. Pretty good. Great. So, so. などと答えるように指導されることもありますが，声を掛けられた方によっては，この答え方が適切かどうか教えておかないと，失礼になることもあります。How are you? は常套句に過ぎると思われても，ここは単なる挨拶の交換なので，Fine, thank you. と常識として通用する挨拶の言い方を経験させておくのがいいと思います。

時々，子どもたちの健康状態を尋ねる問いかけの How are you? に対する答え方の指導と混同されているケースも見受けられます。無邪気な子どもたちが大きな声で I am hungry. I am sleepy. などと返事をしたときの先生の相槌は，Very good. ではないはずです。I am happy. と答えたとき，その子への対応はもちろん Good job! ではなく，なぜ happy なのか聞いてあげないと，せっかくのコミュニケーション活動が台無しです。

2. 挨拶を済ませた後，歌を一つか二つ歌いましょう

英語を使おう！という気持ちにするために効果的なのが歌です。よく歌われているものの中には，幼児向けのものが多いので，高学年の子どもたちにとっては歌の意味が分かれば分かるほど，本気で歌う気になれないことがあります。高学年は歌が嫌いらしい，と指導をためらわれることがありますが，本当は英語の歌を覚えたいと思っているはずです。音楽の時間に日本語で歌った歌を英

語でも歌うと，心を込めて歌い，歌詞もきちんと覚えたがります。是非，レパートリーを増やしたいものです。英語で歌っている音源があれば，昼休みなどに聞かせておくのもいいでしょう。

　音楽の時間に歌った歌の中から，英語活動の中で取り上げて子どもが楽しんで歌ってくれたものをいくつかご紹介します。

　「ドレミの歌」や「エーデルワイス」は，英語でも歌えるようになることを喜びました。「子どもの世界（It's a Small World）」「ミッキー・マウス・マーチ」などディズニーの歌や「虹を歌って（Sing a Rainbow）」のように音楽の時間以外のところでも耳にする歌もあります。低学年で歌った「森のくまさん」「パフ（Puff, the Magic Dragon）」なども英語で歌いたくなる歌です。「きらきら星」「蛍の光」はおじいさんやおばあさんと一緒に歌えるかもしれません。

　歌は長いものでも1分前後です。なじみやすいメロディの歌を選んで，楽しく歌いましょう。1回の授業で上手に歌えるようにしよう，と頑張りすぎず，もう一度歌いたい，という余韻を残して次の活動に移りましょう。次の週に再び歌うと，この前よりメロディのフレーズごとに歌詞がきちんとおさまるようになった，と子ども自身が感じて自分の進歩を自覚することができ，歌いたい気持ちを更に強めると思います。

3.　簡単な英語でのやりとりで，思考の流れを英語に変換

　授業の本体に入る前に，身近な話題を取り上げて，英語でやり

とりをするウォーム・アップと呼ばれる口慣らしも，自然に英語を使おうとする気持ちにさせるために効果的です。

　この活動では，子どもたちが知っている単語を使って英語のやりとりができる題材を選びます。たとえば，Suppose we are in the zoo. What animals can you see?（動物園にいるとしたら，どんな動物が見えるかな）と誘い掛けて，知っている動物の名前を皆で考えて言っていく，あるいは，What did you see on the way to school?（通学の途中で見たものを何でも言いましょう）などと誘いかけます。

　誰もが経験していることを題材にして，知っている単語を挙げていきます。意外とたくさん知っていることに，子ども自身も驚き，英語に対する自信を持つようになります。この種の活動を，先生方でアイディアを出し合って実践し，記録をファイルにしておくと大きな財産になります。

　小学校英語の学習環境も，今後数年の間に大きく変わることが予想されます。歌や簡単なゲーム的要素のある英語を使い合う活動は，今後モジュール形式で15分程度の英語の時間が設けられると，取り入れやすいと思います。日本語での指示はほとんどせず英語だけで過ごす15分は，短くても週3回を年間通じて行うので，子どもの心の中に英語の音が蓄えられていくに違いありません。

（久埜百合）

26

Q 小学校英語活動の授業で視聴覚教材を活用したいと思いますが，どのような観点で選べばいいでしょうか。

A **1. 歌を指導するときの視聴覚教材**

授業のはじめに CD などの音源を使って歌の指導をすることがよく行われます。また，ネットで検索して歌を見つけ，授業に活用することも容易になりました。歌は不得手という先生も，音源を聞きながら子どもと歌って練習するのも楽しいと思います。

歌の音源を選ぶときに，歌声と伴奏だけが聞こえる CD よりも，歌っている人が映像で見られる DVD のほうが子どもの注意力は倍増します。歌っている人が同じ年頃の子どもであれば，もっと親近感が湧いてきて歌いたい気持ちが揺さぶられるようです。上手に朗々と歌い上げているものもいいでしょうが，子どもたちが楽しんで歌っている自然な姿が映像化されているもののほうが誘い込まれるように歌い出します。音程や歌い方が子どもに適しているか，歌詞のリズムが話し言葉とマッチしているか，前奏や間奏が長すぎないか，など授業に使いやすいか確かめてください。

2. 英語を使う場面を紹介する映像

子どもたちと英語を使い合う時に，JET や ALT の先生と協力して短い対話をして，実際にその表現を使うところをみせること

があります。でも，教室内の設定では不自然さを拭いきれず，どうしてもわざとらしくなってしまいます。もっとリアルな状況で同じ表現が使われている場面を見せたいと思うとき，映像教材があると素晴らしいサポートになります。

英語版の子ども向け映画の中には，とても優れたものがありますので，それを利用することをお勧めしたいと思います。身じろぎもせず集中して画面を見つめている間に，子どもたちの耳に届いていく英語の量は計り知れないものがあります。

英語活動が総合学習の一環として実践され始めたばかりのころ，指導の素材がないから，と英語版のディズニーの短編映画を毎回授業で見せておられた担任の先生から，「子どものほうが教師より英語を上手に使いこなすようになってしまったけれど，今後どのように指導を続けていったらよいか」という質問が寄せられたことがあります。映像の力の大きさを改めて教えていただいたように思い，当時 VHS で入手できる映像教材をご紹介しました。

現在は，英語教材として制作された DVD やテレビの英語教育番組を DVD 化したものもあります。また，学校の ICT 環境が整っていればネット上でアクセスできる資料や外国の映像なども利用できますので，授業に取り入れたいと思います。

3. 英語を聞かせる量を多くするための ICT 機器の活用

数年前にはまだまだ小学校現場への普及は遅れると思われてい

た電子黒板の設置が着々と進んでいます。タブレット PC も子どもが 1 人 1 台ずつ使えるような勢いで導入され始めました。この状況はこれからますます進行すると思われます。

　1990 年代後半から学校に情報教育に伴ってコンピュータ教育が導入されたころは，先生も親もコンピュータというどっしりした機器になじみが薄く，子どもたちもすぐには使いこなせませんでした。でも今は状況がまったく違います。幼児でも画面をすぐに指で触れて動かそうとするくらいですから，教室にタブレット PC が入ってくれば，子どもたちはものの 30 分もかからずに操作を始めてしまいます。英語活動のために配布されている Hi, friends! も，電子黒板を使いながら指導するかどうかで活用方法が違い，したがって授業形態も異なってきます。

　このタブレット PC で使いこなせるソフトの開発が進むと，個人学習の環境も様変わりすると思われます。イラストと単語や英文だけで音声が聞こえてこなかった学習環境は，クリックすればすぐに音声を聞くことができる学習方法に変わりました。

　このタブレット PC は歌も歌ってくれますし，紋切り型の会話練習ではなく，動画を見ながらリアルな場面で使われている英語を聞くこともできますから，学習者の意味理解を十分に助けてくれます。しかも，機器は疲れを知らず，何度でも繰り返して聞かせてくれますから，習熟度の異なる学習者にとっても遅れているところを自分で補うことができます。家に持ち帰り，家庭学習にも役立てているところが，すでに成果を上げています。

機器の進歩は目覚ましく，まさに日進月歩で，ソフトさえあれば授業に必要なことはほとんど可能になっています。先生自身が教材を PC 上で作ることもできますから，これからの視聴覚教材は数年前の感覚とは違う方法で使いこなすことが求められます。

4. 子どもたちはどのように英語を聞き取ろうとしているか

　子どもの耳は不思議です。無意識に音の流れを聞き取り，言葉を使いこなしていく力を持っています。私たちも数十年前には持っていたのに，今は忘れてしまったものです。英語を聞いているときの子どもの様子を見ていると，話し手の口元を見つめながら微妙な音の違いを聞き分け，そのリズムに体をゆだね，口を動かして真似を始めます。この聞こえてくる音に敏感に反応できる子どもの耳に届ける音源は慎重に選び抜かれなければなりません。音源を制作し，提供する大人の責任は重大です。

　数人が英語で話している場面を見せると，その人たちの抑揚やリズムの違いを聞き分けて真似ることさえできます。そして，自分はどの音を使えるようになろうとするのか，選択をしています。ある小学校の公開研究会で参観した 1 年生の授業で，担任の先生と ALT の先生とに話しかける英語の音を区別している子どもの姿に接したことがあります。担任の先生も気がついておられ，子どもの音に対する感度の高さについて，互いに認識を改めました。その時のことを肝に銘じ，視聴覚教材を精選しながら授業に活用したいと考えています。　　　　　　　　　（久埜百合）

参考文献

淡路佳昌 (2010)「導入期からのライティング指導の展開」『英語教育』第59巻3号, 18-20.

本多敏幸 (2003)『中学校英語科 到達目標に向けての指導と評価』教育出版, 東京.

藤井昌子・S. Ashton・本多綾子 (2008)『新・言語活動成功事例集』開隆堂出版, 東京.

Hornby, Albert Sidney (1937) *I.R.E.T. Methods for the Untrained Teacher*, Institute for Research in English Teaching, Tokyo.

Hornby, A. S. (1961) *The Teaching of Structural Words and Sentence Patterns* I-IV (『文型と構造語の教授法』), 研究社, 東京.

Hughes, Arthur (2002) *Testing for Language Teachers*, 2nd ed., University of Cambridge Press, Cambridge.

一般財団法人語学教育研究所(編)(2012)『語研ブックレット5 小学校英語2 ―子どもの学習能力に寄り添う授業つくりの提案―』一般財団法人語学教育研究所, 東京.

伊藤健三 (1988)「中学校・高等学校英語科教育における外国人教師の役割に関する実態調査と授業方法の開発」『財団法人語学教育研究所紀要』第2号, 1-108.

伊藤健三 (1991)「中学校・高等学校における英語指導助手との協同授業の課題と展開方法の開発」『財団法人語学教育研究所紀要』第5号, 57-96.

Jarman, Christopher (1979) *The Development of Handwriting Skills*, Basil Blackwell, Oxford.

Jenkins, Jennifer (2000) *The Phonology of English as an International Language*, Oxford University Press, Oxford.

小泉 仁 (2013)「高等学校の授業 (1) コミュニケーション英語 I」

『新しい英語科授業の実践』,石田雅近・小泉仁・古家貴雄（著）,28-33,金星堂,東京.

国立教育政策研究所教育課程研究センター（2011）『評価規準の作成,評価方法等の工夫改善のための参考資料　中学校　外国語』国立教育政策研究所教育課程研究センター,東京.<http://www.nier.go.jp/kaihatsu/hyouka/chuu/10_chu_gaikokugo.pdf>

国立教育政策研究所教育課程研究センター（2012）『評価規準の作成,評価方法等の工夫改善のための参考資料　高等学校　外国語』国立教育政策研究所教育課程研究センター,東京.<http://www.nier.go.jp/kaihatsu/hyouka/kou/11_kou_gaikokugo.pd>

小菅敦子・小菅和也（1995）『英語スピーキングの指導』研究社,東京.

小菅和也（2004）「オーラル・イントロダクションの考え方」『語研ジャーナル』第3号,7-16,財団法人語学教育研究所.

小菅和也（2010）「音声を重視した英語授業の考え方」『語研ジャーナル　第9号』,39-46,財団法人語学教育研究所.

黒田巍（1934）「英語教授短評：英語の先生になろうとする人に」『英語の研究と教授』,第2巻12号,441,東京文理科大学内・英語教育研究会,研究社,東京.

Long, M. H. (1983) "Linguistic and Conversational Adjustments to Nonnative Speakers," *Studies in Second Language Acquisition* 5, 177–194.

Longman Dictionary of Contemporary English, 5th edition (2009), Pearson Education Limited.

Macmillan English Dictionary, 1st edition (2002), Macmillan Education.

文部科学省（2008）『中学校学習指導要領解説　外国語編』開隆堂出版,東京.

文部科学省（2009）『高等学校学習指導要領』文部科学省,東京.

文部科学省初等中等教育局（2013）『各中・高等学校の外国語教育における「CAN-DOリスト」の形での学習到達目標設定のための手引き』,文部科学省初等中等教育局,東京.

根岸雅史（1993）『テストの作り方』研究社，東京．
NHK エデュケーショナル企画制作『えいごリアン 2000・2001 年度版』(DVD 各 5 巻セット)，いずみ書房，三鷹．
Oxford Advanced Learner's Dictionary of Current English, 8th edition (2010), Oxford University Press.
Oxford Bookworms Series, Oxford University Press, Oxford.
Palmer, H. E. (1925) *English through Actions*, Kaitakusha, Tokyo.
Palmer, H. E. (1938) *A Grammar of English Words*, Longmans, London.
三省堂編修所（編）（2001）『親子でうたう英語歌の絵じてん』三省堂，東京．
靜 哲人（2009）『英語授業の心・技・体』研究社，東京．
砂谷恒夫（2007）「授業で使う視覚的手法」『語研ジャーナル』第 6 号，23-30，財団法人語学教育研究所．
田中茂範・佐藤芳明・河原清志（2007）『NHK 新感覚☆キーワードで英会話 イメージでわかる単語帳』日本放送出版協会，東京．
Taylor, John R. (1995) *Linguistic Categorization: Prototypes in Linguistic Theory*, 2nd ed., Clarendon Press, Oxford.
寺澤芳雄（1970）『英語語源小辞典』研究社，東京．
土屋澄男（2000）「英語の基礎をつくるオーラル中心の授業」『STEP 英語情報』2000 年 11-12 月号，日本英語検定協会，東京．
土屋澄男（2004）『英語コミュニケーションの基礎をつくる音読指導』研究社，東京．
上田明子ほか（編）（1983）『英語基本語彙辞事典』中教出版，東京．
財団法人語学教育研究所（編）（1988）『英語指導技術再検討』大修館書店，東京．
財団法人語学教育研究所（編）（2010）『語研ブックレット 3　小学校英語 1 ―子どもの学習能力に寄り添う指導方法の提案―』財団法人語学教育研究所，東京．
財団法人語学教育研究所（編）（2011）『語研ブックレット 4　オーラルワーク再入門』財団法人語学教育研究所，東京．

執筆者一覧 (掲載順)

小菅和也	(こすげ　かずや)	武蔵野大学
江原一浩	(えはら　かずひろ)	筑波大学附属高等学校
小泉 仁	(こいずみ　まさし)	東京家政大学
久保野りえ	(くぼの　りえ)	筑波大学附属中学校
山本良一	(やまもと　りょういち)	関西大学中等部・高等部
久保野雅史	(くぼの　まさし)	神奈川大学
八宮孝夫	(はちみや　たかお)	筑波大学附属駒場中・高等学校
砂谷恒夫	(すなたに　つねお)	東京都立忍岡高等学校
靜 哲人	(しずか　てつひと)	大東文化大学
小菅敦子	(こすげ　あつこ)	東京学芸大学附属世田谷中学校
淡路佳昌	(あわじ　よしまさ)	東京学芸大学附属世田谷中学校
四方雅之	(しかた　まさゆき)	成蹊中学・高等学校
根岸雅史	(ねぎし　まさし)	東京外国語大学
手島 良	(てしま　まこと)	武蔵高等学校中学校
藤井昌子	(ふじい　まさこ)	文教大学
櫻井 譲	(さくらい　ゆずる)	関西大学中等部・高等部
蒔田 守	(まきた　まもる)	筑波大学附属中学校
向後秀明	(こうご　ひであき)	文部科学省初等中等教育局教育課程課・国際教育課外国語教育推進室
及川 賢	(おいかわ　けん)	埼玉大学
田島久士	(たじま　ひさし)	東京都大田区立糀谷中学校
松本剛明	(まつもと　たけあき)	埼玉県立久喜高等学校
海崎百合子	(かいざき　ゆりこ)	田園調布雙葉小学校
粕谷恭子	(かすや　きょうこ)	東京学芸大学
久埜百合	(くの　ゆり)	中部学院大学

英語指導技術ガイド Q&A
―授業の悩みにこたえる 26 のレシピ―

2014 年 5 月 12 日　第 1 版第 1 刷発行Ⓒ

編　者	一般財団法人　語学教育研究所	
発行者	武村哲司	
印刷所	日之出印刷株式会社	

発行所	株式会社　開拓社	〒113-0023　東京都文京区向丘 1-5-2 電話　（03）5842-8900（代表） 振替　00160-8-39587 http://www.kaitakusha.co.jp

ISBN978-4-7589-2201-2　C3082

JCOPY <（社）出版者著作権管理機構　委託出版物>

本書の無断複写は著作権法上での例外を除き禁じられています。複写される場合は，そのつど事前に，（社）出版者著作権管理機構（電話 03-3513-6969，FAX 03-3513-6979，e-mail: info@jcopy.or.jp）の許諾を得てください。